101 santos

*Agradezco la colaboración de
Minerva de los Ángeles Gallegos Dávalos.*

Índice

Prólogo		15
1	San Agustín (Obispo)	21
2	San Alberto Magno	24
3	San Andrés, Apóstol	27
4	San Antonio Abad	30
5	San Antonio de Padua	34
6	San Bartolomé	38
7	San Basilio	40
8	San Benito	44
9	San Blas	48
10	San Bruno	51
11	San Cayetano	54
12	San Charbel	57
13	San Cosme y San Damián	60
14	San Cristóbal	63
15	San Dámaso	66
16	San Diego de Alcalá	68

17	San Efrén de Siria	71
18	San Elías	74
19	San Eloy	77
20	San Enrique	80
21	San Ezequiel Moreno	83
22	San Felipe de Jesús	87
23	San Felipe Neri	90
24	San Francisco de Asís	94
25	San Francisco de Sales	98
26	San Gabriel	100
27	San Humberto	102
28	San Ignacio de Loyola	105
29	San Isidoro	109
30	San Isidro Labrador	111
31	San Ivo	114
32	San Jerónimo	118
33	San Jorge	122
34	San José	125
35	San Juan Bautista	128
36	San Juan Bosco	131
37	San Juan de Dios	133
38	San Juan Diego	136
39	San Juan Nepomuceno	139
40	San Judas Tadeo	141

41	San Julián	143
42	San Justino	146
43	San Lorenzo	149
44	San Lucas	152
45	San Martín Caballero	154
46	San Martín de Porres	158
47	San Mateo	161
48	San Matías	164
49	San Medardo	165
50	San Miguel Arcángel	167
51	San Nicolás	168
52	San Nicolás de Tolentino	172
53	San Pablo	175
54	San Pascual Bailón	179
55	San Pedro	182
56	San Policarpo	186
57	San Quintín	189
58	San Rafael	192
59	San Roque	193
60	San Sebastián	196
61	San Tarcisio	198
62	San Telmo	200
63	San Valentín	204
64	San Vicente de Paul	206

65	San Vicente Ferrer	210
66	Santa Águeda	214
67	Santa Ana	218
68	Santa Apolonia	222
69	Santa Bárbara	226
70	Santa Bernardita Soubirous	228
71	Santa Catalina de Siena	232
72	Santa Cecilia	236
73	Santa Clara de Asís	239
74	Santa Clotilde	241
75	Santa Dorotea	244
76	Santa Eduvigis	248
77	Santa Elena	252
78	Santa Francisca de Romana	255
79	Santa Francisca Javier Cabrini	259
80	Santa Gertrudis	264
81	Santa Inés	267
82	Santa Juana de Arco	269
83	Santa Liduvina	273
84	Santa Lucía	277
85	San Luis, Rey de Francia	279
86	Santa Luisa de Marillac	283
87	Santa María Magdalena	286
88	Santa Marta	291

89	Santa Mónica	294
90	Santa Otilia	298
91	Santa Regina	301
92	Santa Rita de Casia	303
93	Santa Rosa de Lima	305
94	Santa Teresa de Jesús	309
95	Santa Teresita del Niño Jesús	315
96	Santa Úrsula	319
97	Santa Verónica	322
98	Santa Zita	326
99	Santo Tomás de Aquino	329
100	Santo Tomás Moro	333
101	Santo Toribio	338

Prólogo

Aquello de que el hombre no es consciente,
aquello sobre lo que no ha reflexionado,
por el laberinto del pecho
camina en la noche

EMMANUEL KANT

Los santos son gente común que un día tuvieron una revelación mística o que enfrentaron un misterio tremendo, y que hasta el final de sus días siguieron con fe los designios en ellos develados. Las revelaciones místicas o misterios tremendos fueron experimentados por cada uno de esos santos de diversa manera, entre ellas: una corriente eléctrica que duró algún tiempo y después se apagó, entre embates y convulsiones, en formas feroces y demoniacas, para hundirles el alma en horrores y espantos, en medio de la embriaguez, el arrobo o el éxtasis.

Un santo reconocido por la Iglesia Católica implica, en sí mismo, mantener una relación especial con Dios y lo sagrado, así como su capacidad para conservar un grado elevado de virtudes y moral. Por eso, el santo nunca se muestra a sí mismo como tal frente a los otros; pues para ser un santo, él debe ser percibido de esa manera especial por los demás. Los santos son un fenómeno común en todas las religiones antiguas y modernas. Sin embargo, alcanzan su expresión más amplia y compleja con el catolicismo.

La palabra santo procede del latín, de la raíz *sanctus*, que quiere decir consagrar, sancionar, sanación, sacrosanto, sambenito, santiamén. En la actualidad, la palabra santo se aplica a quienes, por sus extraordinarias virtudes mientras vivieron, la Iglesia Católica les ha concedido ese título y ha dispuesto que se les rinda culto de *dulía*, considerándolas como mediadoras entre los hombres y Dios.

Todavía existen personajes considerados especiales, a los que la comunidad les supone elementos vinculantes entre el cielo y la Tierra, dotados con facultades sorprendentes. Les llaman santos, aunque dentro de la clasificación de la Iglesia Católica no estén considerados como tales. A lo largo de la historia muchos han sido los personajes que inspiraron la creación de las historias de los santos, su mitificación y la oración a ellos dedicada. Muchos alcanzaron la canonización, muchos no. El proceso de canonización vigente entre los siglos XVI y XX, el mismo que se aplica actualmente, se compone de nueve pasos fundamentales. En 2001 las autoridades de la Iglesia Católica ordenaron a una comisión que actualizara la enumeración de santos canonizados. El resultado es una lista que supera 6500 santos. El principal criterio para mantenerlos dentro de esa lista fue que existieran las pruebas históricas necesarias para comprobar su existencia y las obras o milagros que hubieran realizado. En un comunicado de prensa emitido por los voceros de la Iglesia Católica, en relación con ese nuevo y actualizado catálogo, se hace referencia de que ahí no se trata de comunicar datos, sino de celebrar la santidad de los familiares de Dios, y proclamar sus maravillas e imitar su ejemplo.

Para llegar a ser santo se necesita fe, devoción, trabajo constante y mantenerse alejado de los vicios terrenales. La mayoría de los santos canonizados proviene de familias humildes; sólo algunos nacieron en cunas acaudaladas y un mínimo porcentaje de ellos fue gente letrada, que incluso cursó estudios universitarios. Algunos fueron huérfanos y los menos, hijos de familia.

La selección de 101 santos que tiene en sus manos, ha sido elegida con base en la importancia del santo y en el número de fieles que cree en él. Así, cada santo que usted encuentre en estas páginas ha sido elegido por estar asociado con algún tipo de necesidad especial o porque se le considera patrono de un oficio o una ocupación determinada.

Existen diversas versiones sobre los orígenes de cada uno de los santos, las fechas relacionadas con ellos y el día de su celebración; lo mismo, existen distintas versiones de las oraciones que se les rezan. Para tratar de brindarle un libro digno, fiel a la historia oficial de los santos, se eligió la versión de su historia, la fecha de su celebración y la oración más popular, la más conocida de cada uno y en donde coinciden las principales motivaciones dedicadas y en honor a cada santo.

En este momento existen santos para cada oficio, que van desde aquel al que se le reza para que acuda a dar alivio contra un malestar físico, hasta aquel al que se le reza para que interceda en caso de enfrentar los complejos malestares modernos producidos por la informática.

Muchos personajes populares a los que la gente llama santos aún no han sido canonizados, por eso no están incluidos en esta selección, y aunque los fieles les tengan mucha devoción y los veneren, no son santos. Tampoco se ha incluido a aquellos que están en proceso de canonización.

Antes de pasar al banquete con los santos, recordemos estas palabras del filósofo griego Sócrates que parecieran definir desde antes del nacimiento de Jesucristo, la vida de los santos: *Dios es sencillo, es veraz en palabras y hechos; no se transforma ni engaña a nadie.*

Disfrute usted de la vida y cronología básica de 101 santos y de la oración para que establezca comunicación con ellos.

Angélica Cortázar

1

SAN AGUSTÍN (OBISPO)

Fecha: 28 de agosto.
Patrono de los cerveceros, impresores, teólogos, de los ojos. Doctor de la Iglesia.

San Agustín de Hipona, uno de los más grandes exponentes de la Iglesia y doctor de la misma, nació en el 354 en Tagaste, región actual de Argelia, hacia la frontera de Túnez.

Sus padres eran contrarios respecto a las creencias: Patricio era pagano y al final de su vida se convirtió al cristianismo; mientras que Mónica, su madre, había sido criada bajo la devoción cristiana y fue ella quien logró la conversión de san Agustín después de enviudar. Con el tiempo el que su hijo se fuera apartando de los preceptos cristianos le causó tal aflicción y constantes oraciones que más tarde el santo lo recordaría en sus *Confesiones* (400), la obra más reconocida constituida en trece libros, dividida en dos partes y de carácter biográfico.

A san Agustín le son reconocidas su inteligencia, elocuencia e imaginación. Destacó en el estudio de las letras y tenía un especial gusto por el teatro y la literatura. Desde muy joven vivió con una mujer de la que se desconocen sus datos y con quien tuvo un hijo en el año 372, al que llamaron Adeodatus. El interés de san Agustín también radicó en la reflexión sobre el Misterio de la Santísima Trinidad y la constitución de tres personas como un único Dios.

De ahí se deriva una de las historias más conocidas sobre el proceso de reflexión del santo y de su aprendizaje mediante llamados Divinos. Un día caminando por la playa encontró a un niño que había hecho un hoyo en la arena y que corría de la arena a la mar con una concha para así llenarlo de agua. Al verlo, san Agustín le preguntó al niño por qué lo hacía y le contestó que intentaba vaciar toda el agua del mar en el agujero en la arena. San Agustín le dijo que eso era imposible y el niño le respondió que si aquello era irrealizable, más imposible sería entonces descifrar en su pequeña mente el Misterio de la Santísima Trinidad.

Gracias a un anuncio divino en el que escuchó la voz de un niño que le dijo "Toma y lee", inició la lectura de las Sagradas Escrituras. Este llamado lo hace finalmente decidirse y se entrega así a Jesucristo y a su Ley. A los 33 años recibió el bautismo y regresa con su madre a África, de donde era ella, y al poco tiempo murió a causa de la fiebre. Después de bautizarse se separa de la mujer con la que vivía e inicia su periodo para la conversión, buscando la soledad y el aislamiento en el que pudiera reflexionar.

Su obra incluye entre otros *epístolas* y *homilías* de diversos libros de la Biblia. En *La Ciudad de Dios* (413-426) compara la Ciudad de Dios con la del hombre, una obra apologética en la que plantea una filosofía teológica de la historia.

Murió en Hipona el 28 de agosto de 430 en un sitio en el que los vándalos de Genserico sometieron el lugar. Su cuerpo fue trasladado finalmente a Pavia, a la basílica de San Pietro in Ciel d'Oro.

Oración Oh, glorioso san Agustín, tú fuiste un hombre sensual, atormentado frecuentemente por los apetitos y deseos naturales. Pero supiste encontrar tu camino hacia Dios por medio del fuerte deseo de vivir una rica vida espiritual y plena de sentido. Ayúdame a ver las cosas como tú enseñaste, que Dios está presente en todos aquellos que con buena voluntad le buscan y en todos los que le aman como Él nos ama. Ayúdame a ver a través de mis deseos de Dios y ayúdame a ver el amor de Dios en todos mis deseos. Te pido San Agustín, que me ayudes a encontrar a Dios en todo lo que veo. Infunde en mi espíritu con el deseo de conocer y amar a Dios con todo mi corazón. Amén.

2

SAN ALBERTO MAGNO

Fecha: 15 de noviembre.
Patrono de los estudiantes de las ciencias naturales y las ciencias exactas. Doctor de la Iglesia.

En su época la gente lo llamaba *El Magno*, el grande, el magnífico, por la sabiduría tan admirable que había logrado conseguir. Lo llamaban también El Doctor Universal porque dominaba temas que iban desde ciencias religiosas, ciencias naturales, filosofía, entre otros. Era geógrafo, astrónomo, físico, químico y teólogo. Recibió en vida también otros títulos en alusión a su capacidad e inteligencia como *milagro de la época*, *maravilla de conocimientos* y otros más.

Nació en Alemania en 1206. Provenía de una familia rica y de importancia en el gobierno y en la alta sociedad, pues su padre era conde. Estudió en la Universidad de Padua donde conoció al más grande pescador de vocaciones, el beato Jordán de Sajonia, sucesor de santo Domingo.

Aunque el padre de Alberto se oponía a que su hijo se hiciera religioso, la personalidad de Jordán fue tan impresionante para él que dejó todo su futuro de hacendado/político y se inició en la vida religiosa con los padres dominicos.

Alberto mismo contaba que siendo joven tenía dificultades para el estudio y por eso una noche dispuso fugarse del colegio. Al intentar huir por una escalera colgada de una pared le pareció ver a lo alto a la Virgen María, que le dijo: "Alberto, ¿por qué en vez de huir del colegio, no me rezas a Mí que soy 'Trono de la Sabiduría'? Si me tienes fe y confianza, yo te daré una memoria prodigiosa. Y para que sepas que sí fui yo quien te la concedí, cuando ya te vayas a morir, olvidarás todo lo que sabías".

Tuvo el mérito de haber separado la teología de la filosofía y de haber descubierto un gran parecido entre las ideas de Aristóteles con las ideas cristianas. Su gran trabajo enciclopédico sentó las bases para el trabajo de su discípulo santo Tomás de Aquino. También trabajó en botánica y en alquimia, destacando por el descubrimiento del arsénico en 1250.

Fue nombrado superior provincial de su comunidad de dominicos. El Sumo Pontífice lo nombró arzobispo de Ratisbona, pero a los dos años renunció al cargo para dedicarse a impartir clases y a escribir, sus oficios preferidos.

Recorrió Alemania predicando y continuó viajando por las limosnas, hospedándose donde le dieran posada como a un limosnero. Era una buena práctica para aumentar la virtud de la humildad. Todas sus enseñanzas tenían por fin llevar el alma hacia Dios que es amor.

Al final de su vida, la sentencia de la Virgen María se cumplió: durante un sermón olvidó todo lo que sabía y dijo: "Es señal de que ya me voy a morir, porque así me lo anunció la Virgen Santísima". Y se retiró de sus labores y se dedicó a orar y a prepararse para morir. El 15 de noviembre de 1280, mientras charlaba con unos religiosos de su comunidad, murió.

Oración Señor, tú que has hecho insigne al obispo san Alberto Magno, porque supo conciliar de modo admirable la ciencia divina con la sabiduría humana, concédenos a nosotros aceptar de tal forma su magisterio que, por medio del progreso de las ciencias, lleguemos a conocerte y a amarte mejor. Por Nuestro Señor Jesucristo.

3

SAN ANDRÉS, APÓSTOL

Fecha: 30 de noviembre.
Patrono de Rusia, Rumania, Escocia y de la ciudad de Pica, en Chile y de la Iglesia de Constantinopla. También es patrono de los marineros.

San Andrés nació en Betsaida, población de Galilea, situada a orillas del lago Genesaret.

Era hijo del pescador Jonás y hermano de Simón Pedro. La familia tenía una casa en Cafarnaum y en ella se hospedaba Jesús cuando predicaba en esta ciudad.

Andrés tiene el honor de haber sido el primer discípulo de Jesús, junto con san Juan Evangelista. Cuando Jesús volvía del desierto después de su ayuno y sus tentaciones, exclamó: "He ahí el cordero de Dios". Andrés se emocionó al oír semejante elogio y se fue junto con Juan Evangelista, detrás de Jesús, quien se volvió y les dijo: "¿Qué buscan?" Ellos le dijeron: "Señor: ¿dónde vives?" Jesús les respondió: "Vengan y verán". Y se fueron y pasaron con Él aquella tarde. Nunca jamás podría olvidar después Andrés el momento y la hora y el sitio donde estaban cuando Jesús les dijo: "Vengan y verán". Esa llamada cambió su vida para siempre. Andrés se fue luego adonde su hermano Simón estaba y le dijo: "Hemos encontrado al Salvador del mundo" y lo llevó a donde se encontraba Jesús.

Durante tres años, Andrés recogió los secretos del corazón del Maestro, asistió a sus milagros, escuchó con avidez su doctrina, y fue testigo de su Pasión y muerte. Oye con los demás apóstoles el mandato divino: *Id y predicad a toda la gente*; y se lanzó por el mundo a predicar la buena nueva, dejando para siempre su tierra y el lago inolvidable donde había brillado para él la luz de la verdad.

Cuando el Salvador volvió a Galilea, encontró a Andrés y a Simón remendando sus redes y les dijo: "Vengan y me siguen", y ellos dejando a sus familias, sus negocios y sus redes, se fueron definitivamente con Jesús. Después de la pesca milagrosa, Cristo les dijo: "De ahora en adelante serán pescadores de almas".

Andrés presenció la mayoría de los milagros que hizo Jesús y escuchó, uno por uno, sus maravillosos sermones. Vivió junto a Él por tres años.

En el día de Pentecostés, Andrés recibió junto con la Virgen María y los demás apóstoles, al Espíritu Santo en forma de lenguas de fuego, y en adelante se dedicó a predicar el evangelio con gran valentía y obrando milagros y prodigios.

Una tradición muy antigua cuenta que el apóstol Andrés fue crucificado en Patrás, capital de la provincia de Acaya, en Grecia. Que lo amarraron a una cruz en forma de X y que allí estuvo padeciendo durante tres días, los cuales aprovechó para predicar e instruir en la religión a todos los que se le acercaban. Dicen que cuando vio que le llevaban la cruz para martirizarlo, exclamó: "Yo te venero, oh, cruz santa, que me recuerdas la cruz donde murió mi Divino Maestro. Mucho había deseado imitarlo a Él en este martirio. Dichosa hora en que tú al recibirme en tus brazos, me llevarán junto a mi Maestro en el cielo".

Andrés fue el primer obispo de Bizancio, un cargo que finalmente se convertiría en el Patriarcado de Constantinopla, a donde habrían sido trasladados sus restos para descansar.

Oración Dios Todopoderoso, que por tu gracia hiciste que tu santo Apóstol Andrés obedeciese prestamente al llamamiento de tu Hijo Jesucristo, y a Él siguiese sin dilación alguna, danos también gracia a todos nosotros, para que, siendo llamados por tu santa Palabra, nos entreguemos sin tardanza a cumplir obedientemente tus santos mandamientos; mediante el mismo Jesucristo Nuestro Señor. Amén.

4

SAN ANTONIO ABAD

Fecha: 17 de enero.
Patrono de los amputados. Protector de los animales, los tejedores de cestas, los fabricantes de cepillos, los carniceros, los enterradores, los ermitaños, los monjes, los porquerizos y los afectados de eczema, epilepsia, ergotismo, erisipela, y enfermedades de la piel en general.

La vida del abad Antonio, cuyo nombre significa *floreciente* y al que la tradición llama el Grande, se conoce principalmente por medio de la biografía redactada por su discípulo y admirador, san Atanasio, a fines del siglo IV. Este escrito subraya en la vida de Antonio, más allá de los datos maravillosos, la permanente entrega a Dios en un género de consagración del cual él no es históricamente el primero, pero sí un modelo ejemplar.

En su juventud, Antonio, egipcio e hijo de acaudalados campesinos, se sintió conmovido por las palabras de Jesús, que le llegaron en el marco de una celebración eucarística: "Si quieres ser perfecto, ve y vende todo lo que tienes y dalo a los pobres...". Así lo hizo el rico heredero, reservando sólo parte para una hermana, a la que entregó, parece, al cuidado de unas vírgenes consagradas.

Llevó una vida apartada en su propia aldea, pero pronto se marchó al desierto, adiestrándose en las prácticas eremíticas junto a un cierto Pablo, anciano experto en la vida solitaria. En su busca de soledad y persiguiendo el desarrollo de su experiencia, llegó a fijar su residencia entre unas antiguas tumbas, como un gesto profético y liberador. Los hombres de su tiempo temían desmesuradamente a los cementerios, que creían poblados de demonios. La presencia de Antonio entre los abandonados sepulcros era un claro mentir a tales supersticiones y proclamaba, a su manera, el triunfo de la resurrección. Todo —aun los lugares que más espantan a la naturaleza humana— es de Dios, que en Cristo lo ha redimido todo; la fe descubre siempre nuevas fronteras donde extender la salvación.

Antonio fue padre de monjes demostrando en sí mismo la fecundidad del Espíritu. Una multisecular colección de anécdotas, conocidas como *apotegmas* o breves ocurrencias que nos ha legado la tradición, lo revela poseedor de una espiritualidad incisiva, casi intuitiva, pero siempre genial, desnuda como el desierto que es su marco y, sobre todo, implacablemente fiel a la sustancia de la revelación evangélica.

Antonio murió muy anciano, hacia 356, en las laderas del monte Colzim, próximo al mar Rojo; al ignorarse la fecha de su nacimiento, se le ha adjudicado una improbable longevidad, aunque ciertamente alcanzó una edad muy avanzada. La figura del abad delineó casi definitivamente el ideal monástico que perseguirían muchos fieles de los primeros siglos.

Oración Señor, te ruego que por intercesión de san Antonio Abad, tengas piedad de los hombres, que por ignorancia maltratan a los animales. Enséñales a que los amen como criaturas tuyas. Señor, ten piedad de los animales domésticos, que muy a menudo son entregados sin defensa alguna a la indiferencia y a la crueldad humana. No los dejes solos con sus penas. Señor Dios, ten piedad de los animales como el león, el tigre, el mono, el elefante y de otras especies que son capturados para ser llevados en circos o en zoológicos. Dales a todos ellos un refugio seguro en su hábitat.

Señor, ten piedad de los animales de granja que crecen dentro de inhóspitos habitáculos, así como de aquellos animales que en los mataderos son sacrificados sin anestesia.

Acógelos con su dolor. Señor, ten piedad de los animales de experimentación. Haz que cesen estas prácticas y sálvalos de su sufrimiento. Señor, tú que infundiste en san Antonio Abad un gran amor a la pobreza y al respeto de los animales, ten piedad de todos los animales que sufren y haz una sociedad más justa basada en el amor y la paz de todos los hombres. Amén.

5

SAN ANTONIO DE PADUA

Fecha: 13 de junio.
Patrono de mujeres estériles, pobres, viajeros, albañiles, panaderos y papeleros. Se le invoca por los objetos perdidos y para pedir un buen esposo(a). Doctor de la Iglesia.

Al ser bautizado recibió el nombre de Fernando. Su familia le procuró una sólida educación en la escuela catedralicia local. Los padres de san Antonio eran muy ricos y querían ver a su hijo como distinguido hombre de sociedad; él, en cambio, quería ser pobre por amor de Cristo. Contrario a los deseos de su familia, Fernando ingresó en la Abadía Agustina de san Vicente, en las afueras de Lisboa.

Los monjes de la orden de san Agustín, de la cual el era miembro, eran famosos por su dedicación a los estudios y allí Fernando estudió las Sagradas Escrituras, a san Jerónimo, a san Agustín, a san Gregorio *El Magno* y a san Bernardo. Su dedicación al estudio se veía importunada pues recibía constantemente la visita de amigos y familiares que le llevaban regalos de los cuales se avergonzaba, y noticias de su entorno social que le molestaban, por lo que convenció a sus superiores para que le trasladaran a la Abadía Agustina de la Santa Cruz en Coimbra, la entonces capital de Portugal y así continuar sus estudios.

Cuando recibió el hábito franciscano comenzó a estudiar las enseñanzas de su fundador, Francisco de Asís. Adoptó el nombre de Antonio en honor de Antonio *El Magno*, a quien estaba dedicada la ermita franciscana en la que él residía. En la fiesta de Pentecostés de 1221 miles de frailes se congregaron en Asís, episodio que ha pasado a la historia como el Capítulo de las Esteras ya que muchos de los frailes ahí reunidos tuvieron que dormir en esteras. Este Capítulo General tuvo por tema un versículo del Salmo 143: "Bendito sea el Señor mi Dios que adiestra mis manos para la batalla". Una vez concluida la reunión, el provincial de Bolonia, Fraile Graciano, lo envió a una pequeña ermita en las montañas del pueblo de Montepaolo para que sirviera como sacerdote. Éste fue uno de los periodos más felices de la vida de Antonio de Padua, quien por fin había pasado a vivir en la sencillez absoluta.

Se dice que era un predicador elocuente con una voz clara y fuerte, una atractiva sonrisa y una maravillosa memoria. Lo enviaron como misionero por numerosas ciudades por Italia y Francia. Convirtió a muchos pecadores en creyentes; cuentan que mientras oraba en su habitación se le apareció Jesús, le puso las manos al cuello y lo besó. Antonio recibió esta gracia extraordinaria porque mantuvo su alma limpia incluso del más mínimo pecado y amaba mucho a Jesús. Con el celo de un apóstol emprendió la tarea de reformar la moralidad de su tiempo combatiendo de forma especial la lujuria, la avaricia y la tiranía. Su obra escrita son los *Sermones*, en latín.

Cuando Antonio enfermó se retiró a un monasterio en las afueras de Padua, donde murió a la edad de 36 años, el 13 de junio de 1231. Sus restos fueron trasladados a Padua 32 años después. La lengua se conservaba íntegra, sin haberse corrompido mientras que el cuerpo estaba aniquilado. Sucedieron muchos milagros después de su muerte. Aún hoy día le llaman el *Santo de los milagros*.

Oración ¡Oh, admirable y esclarecido protector mío, san Antonio de Padua! Siempre he tenido grandísima confianza en que me habéis de ayudar en todas mis necesidades, rogando por mí al Señor a quien servisteis, a la Virgen Santísima a quien amastéis y al divino Niño Jesús que tantos favores os hizo. Rogadles por mí, para que por vuestra poderosa intercesión me concedan lo que pido. ¡Oh, Glorioso san Antonio! Pues las cosas perdidas son halladas por vuestra mediación y obráis tantos prodigios con vuestros devotos; yo os ruego y suplico me alcancéis de la Divina Majestad el recobrar la gracia que he perdido por mis pecados, y el favor que ahora deseo y pido, siendo para Gloria de Dios y bien de mi alma. Amén.

6

SAN BARTOLOMÉ

Fecha: 24 de agosto.
Patrono de los carniceros, fabricantes de libros, guantes, pieles, zapateros, sastres, mercaderes de queso, viñadores, albañiles y otros. Se le invoca contra desórdenes nerviosos.

Al parecer Bartolomé es un sobrenombre o segundo nombre que le fue añadido a su antiguo nombre, Natanael, que significa "regalo de Dios". A este santo lo pintaban los antiguos con la piel en sus brazos como quien lleva un abrigo, porque la tradición cuenta que su martirio consistió en que le arrancaron la piel de su cuerpo y le arrancaron la cabeza, estando aún vivo.

El día en que Bartolomé se encontró por primera vez a Jesús fue inolvidable. Tan pronto como Jesús vio que el santo se le acercaba, dijo de él un gran elogio: "Éste sí que es un verdadero israelita, en el cual no hay engaño". El joven discípulo se admiró y le preguntó desde cuándo lo conocía, y el Divino Maestro le añadió algo que le iba a conmover el resto de su vida: "Allá, debajo de un árbol estabas pensando qué sería de tu vida futura. Pensabas: ¿Qué querrá Dios que yo sea y que yo haga? Cuando estabas allá en esos pensamientos, yo te estaba observando y viendo lo que pensabas". Aquella revelación lo impresionó profundamente y lo convenció de que éste sí era un verdadero profeta y un gran amigo de Dios y emocionado, exclamó: "¡Maestro, Tú eres el hijo de Dios! ¡Tú eres el Rey de Israel! ¡Maravillosa proclamación!

San Bartolomé predicó el evangelio en la India. Después pasó a Armenia y allí convirtió a mucha gente. Para él la santidad no se basa en hacer milagros, ni en deslumbrar a otros con hazañas extraordinarias, sino en dedicar la vida a amar a Dios. A hacer conocer y amar a Jesucristo, a propagar su santa religión, y en tener una constante caridad con los demás tratando de hacer a todos el mayor bien posible.

Oración Oh, Dios omnipotente y eterno, que hiciste este día tan venerable día con la festividad de tu Apóstol San Bartolomé, concede a tu Iglesia amar lo que él creyó, y predicar lo que él enseñó. Por Nuestro Señor Jesucristo. Amén.

7

SAN BASILIO

Fecha: 2 de enero.
Patrono de los administradores de hospitales y los monjes. Doctor de la Iglesia.

Nació en Cesarea de Turquía en 329. Estudió en Atenas y Constantinopla. Perteneció a una familia de santos. Su abuelo murió mártir en una persecución, la abuela fue santa Macrina y su madre santa Amelia. Sus hermanos fueron san Pedro, obispo de Sebaste, y san Gregorio Niceno.

Al ver que su hermana santa Macrina había fundado un monasterio de monjas y que éstas progresaban mucho en santidad, Basilio se fue a Egipto a aprender de los monjes del desierto el modo de vivir como monje, en soledad; y al volver de allá se hizo monje y redactó sus famosas *Constituciones,* que son la primera Regla de vida que se escribió para los religiosos. En ellas enseña cómo vivir en oración, estudio, buenas lecturas y trabajos manuales en un monasterio y cómo hacerse santo en la vida religiosa.

Basilio fue elegido arzobispo de Cesarea, y el delegado del gobierno quiso hacerle renegar de la fe. Varios habían renegado por miedo. Pero le respondió: "¿Qué me vas a poder quitar si no tengo casas ni bienes, pues todo lo repartí entre los pobres? ¿Acaso me vas a atormentar? Es tan débil mi salud que no resistiré ni un día de tormentos sin morir y no podrás seguir atormentándome. ¿Qué me vas a desterrar? A cualquier sitio a donde me destierres, allá estará Dios, y donde esté Dios, allí es mi patria, y allí me sentiré contento". El gobernador le respondió admirado: "Jamás nadie me había contestado así". Y Basilio añadió: "Es que jamás te habías encontrado con un obispo". El gobernante no se atrevió a castigarlo porque le pareció que era un gran santo, y porque todo el pueblo lo veneraba inmensamente.

Fue llamado *Basilio el Grande*. Era amado por cristianos, judíos y paganos. Sus escritos tienen lo que se llama "Unción", o sea, la cualidad especial de que conmueven al que los lee. Tenía una asombrosa actividad en favor de los necesitados. Fue al primero que se le ocurrió fundar por allí un hospital para pobres y un ancianato.

De san Basilio son aquellas famosas palabras: "Óyeme cristiano que no ayudas al pobre: tú eres un verdadero ladrón. El pan que no necesitas le pertenece al hambriento. Los vestidos que ya no usas le pertenecen al necesitado. El calzado que ya no empleas le pertenece al descalzo. El dinero que gastas en lo que no es necesario es un robo que le estás haciendo al que no tiene con que comprar lo que necesita. Si pudiendo ayudar no ayudas, eres un verdadero ladrón".

Sufría de hepatitis, la cual no le permitía casi alimentarse, hasta tal punto que su piel llegó a tocar sus huesos. Murió el 1 de enero de 379 cuando sólo tenía 49 años y fue sepultado el 2 de enero.

Oración Conozco, oh Señor, que comulgo con tu purísimo Cuerpo y tu purísima Sangre, y que como y bebo mi propia condenación, sin considerar el valor de tu Cuerpo y tu Sangre, de mi Cristo y Dios. Pero, con atrevimiento acudo a tu misericordia, porque Tú has dicho: El que come de mi Carne y bebe mi Sangre está en Mí y Yo en él.

Apiádate pues Señor, y no me condenes a mí, pecador, trátame según tu benevolencia, para que tus Santidades sean para mí curación, purificación, esclarecimiento, conservación, salvación y santificación del alma y cuerpo.

Para rechazo de malos pensamientos y perversas acciones e influencia del diablo ejercida sobre mis miembros.

Para corrección de mi vida. Para consolidar y aumentar las virtudes, para cumplir los mandamientos, para la comunión con el Espíritu Santo, Viático a la vida eterna, para la esperanza de merecer una favorable defensa en tu temible Tribunal. Que no me sean para juicio y condenación.

8

SAN BENITO

Fecha: 11 de julio.
Patrono de toda Europa. De los agricultores, de los ingenieros; de los curtidores; de los moribundos; de los granjeros; de enfermedades inflamatorias; de los arquitectos italianos; enfermedades del riñón; de los monjes; de los religiosos; de los escolares; de los criados; de los espeleólogos. Algunas personas le invocan para protegerse contra las picaduras de las ortigas; el veneno; la erisipela; la fiebre y las tentaciones.

Benito nació en Nursia, Italia, en 480. De padres acomodados, fue enviado a Roma a estudiar filosofía y letras. La ciudad de Roma estaba habitada por una mezcla de cristianos fervorosos, cristianos relajados, paganos, ateos, bárbaros y toda clase de gente de diversos países y de variadas creencias, y el ambiente, especialmente el de la juventud, era espantosamente relajado. Benito sabía muy bien que en la lucha contra el pecado y la corrupción resultan vencedores los que en apariencia son "cobardes", o sea, los que huyen de las ocasiones y se alejan de las personas malvadas. Por eso huyó de la ciudad y se fue a un pueblecito alejado, a rezar, meditar y hacer penitencia.

Sucedió que en el pueblo a donde llegó, obtuvo un milagro sin quererlo. Vio a una pobre mujer llorando porque se le había partido un precioso jarrón que era ajeno. Benito rezó y le dio la bendición, y el jarrón volvió a quedar como si nada le hubiera pasado. Esto conmovió mucho a la gente del pueblo y empezaron a venerarlo como un santo. Entonces tuvo que salir huyendo más lejos, hacia Subiaco.

Se retiró a vivir en una roca, rodeada de malezas y de espinos, y a donde era dificilísimo subir. Un monje que vivía por los alrededores lo instruyó acerca de cómo ser un buen religioso y le llevaba un pan cada día, el cual amarraba a un cable, que Benito tiraba desde arriba. Se levantaba a las dos de la madrugada a rezar los salmos. Pasaba horas y horas rezando y meditando. Jamás comía carne. Dedicaba bastantes horas al trabajo manual, y logró que sus seguidores se convencieran de que el trabajo no es rebajarse, sino ser útil para la sociedad y un modo de imitar a Jesucristo, que fue un gran trabajador, y hasta un método muy bueno para alejar tentaciones. Ayunaba cada día. Atendía a todos los que le iban a hacer consultas espirituales, que eran muchos, y de vez en cuando se iba por los pueblos de los alrededores, con sus monjes a predicar y a tratar de convertir a los pecadores.

Fundó la comunidad de Benedictinos. En el año 530, después de ayunar y rezar por 40 días, empezó la construcción del convento, en la cima del Monte Casino. Inspirado por Dios, escribió un Reglamento para sus monjes que llamó *Santa Regla*. Es un documento que se ha hecho famoso en todo el mundo, y en el cual se han basado los Reglamentos de todas las demás Comunidades religiosas en la Iglesia Católica.

El 21 de marzo de 543, estaba el santo en la ceremonia del Jueves Santo, cuando se sintió morir. Se apoyó en los brazos de dos de sus discípulos, y elevando sus ojos hacia el cielo cumplió una vez más lo que tanto recomendaba a los que lo escuchaban: "Hay que tener un deseo inmenso de ir al cielo", y lanzando un suspiro como de quien obtiene aquello que tanto había anhelado, quedó muerto.

Oración Santísimo confesor del Señor; Padre y jefe de los monjes, interceded por nuestra santidad, por nuestra salud del alma, cuerpo y mente.

Destierra de nuestra vida, de nuestra casa, las asechanzas del maligno espíritu. Líbranos de funestas herejías, de malas lenguas y hechicerías. Pídele al Señor, remedie nuestras necesidades espirituales, y corporales. Pídele también por el progreso de la santa Iglesia Católica; y porque mi alma no muera en pecado mortal, para que así confiado en Tu poderosa intercesión, pueda algún día en el cielo, cantar las eternas alabanzas. Amén.

9

SAN BLAS

Fecha: 3 de febrero.
Patrono de los laringólogos y protector para las enfermedades de la garganta. Así como de los cazadores.

San Blas fue obispo de Sebaste, Armenia, al sur de Rusia. Al principio ejercía la medicina, y aprovechaba de la gran influencia que le daba su calidad de excelente médico para hablarle a sus pacientes en favor de Jesucristo y de su santa religión, y conseguir así muchos adeptos para el cristianismo. Al conocer su gran santidad, el pueblo lo eligió obispo.

Cuando estalló la persecución de Diocleciano, se fue san Blas a esconderse en una cueva de la montaña, y desde allí dirigía y animaba a los cristianos perseguidos, y por la noche bajaba a escondidas a la ciudad a ayudar, a socorrer y a consolar a los que estaban en las cárceles, y a llevarles la Sagrada Eucaristía. La tradición cuenta que a la cueva donde estaba escondido, llegaban las fieras heridas o enfermas y él las curaba. Y que estos animales venían en gran cantidad a visitarlo cariñosamente. Pero un día él vio que por la cuesta arriba llegaban los cazadores del gobierno y entonces espantó a las fieras y las alejó y así las libró de ser víctimas de la cacería.

Entonces los cazadores, en venganza, se lo llevaron preso. El gobernador le ofreció muchos regalos y ventajas temporales si dejaba la religión de Jesucristo y si se pasaba a la religión pagana, pero san Blas proclamó que él sería amigo de Jesús y de su religión hasta el último momento de su vida. Fue apaleado brutalmente y le desgarraron con garfios la espalda. Durante todo este feroz martirio, el santo no profirió ni una sola queja y rezaba por sus verdugos y para que todos los cristianos perseveraran en la fe.

El gobernador, al ver que el santo no dejaba de proclamar su fe en Dios, decretó que le cortaran la cabeza. Y cuando lo llevaban hacia el sitio de su martirio iba bendiciendo por el camino a la inmensa multitud que lo miraba llena de admiración. Pero hubo una curación que entusiasmó mucho a todos. Una pobre mujer tenía a su hijito agonizando porque se le había atravesado una espina de pescado en la garganta. Corrió hacia un sitio por donde debía pasar el santo. Se arrodilló y le presentó al niño que se ahogaba. San Blas le colocó sus manos sobre la cabeza al niño y rezó por él. Inmediatamente la espina desapareció y el niñito recobró su salud. El pueblo lo aclamó entusiasmado.

Le cortaron la cabeza en 316. Después de su muerte empezó a obtener muchos milagros de Dios en favor de los que le rezaban. Se hizo tan popular que tan sólo en Italia llegó a tener 35 templos dedicados a él. Su país, Armenia, se hizo cristiano pocos años después de su martirio.

Oración Milagroso san Blas, que lleno de júbilo, en el camino a la cárcel, obrastéis prodigios y salvastéis la vida de un niño que se moría ahogado por una espina que tenía atravesada en la garganta, alcanzadnos del Señor la gracia de vernos libres de todas las enfermedades de la garganta y emplear a ésta siempre para la gloria de Dios y bien de nuestras almas. Así sea.

10

SAN BRUNO

Fecha: 6 de octubre.
Patrono de los Cartujos, de Bolonia y de los Estados Pontificios. Se le invoca en caso de maleficios o posesión diabólica.

Nació en Colonia, Alemania, en 1030. Desde joven demostró poseer grandes cualidades intelectuales, y especialísimas aptitudes para dirigir espiritualmente a los demás. Ya a los 27 años era director espiritual de muchísimas personas importantes.

Ordenado sacerdote fue profesor de teología durante 18 años y canciller del arzobispo; al morir éste, un hombre indigno llamado Manasés se hizo elegir arzobispo de esa ciudad. Ante sus comportamientos tan inmorales, Bruno lo acusó ante una reunión de obispos y el Sumo Pontífice destituyó a Manasés. El destituido en venganza, le hizo quitar a Bruno todos sus bienes y quemar varias de sus posesiones.

Bruno se fue de monje al monasterio de San Roberto, en Molestes, donde sintió que aunque allí se observaban reglamentos muy estrictos, lo que él deseaba en verdad era silencio total y apartarse por completo del mundo.

Se dice que san Hugo, obispo de Grenoble, vio en un sueño que siete estrellas lo conducían hacia un bosque apartado y que construían un faro que irradiaba luz hacia todas partes. Al día siguiente llegaron Bruno y seis compañeros a pedirle que les señalara un sitio muy apartado para que se dedicaran a la oración y a la penitencia. San Hugo reconoció que los había visto en sueños y los llevó hacia el monte que le había sido indicado en la visión. Aquel sitio se llamaba Cartuja, y los nuevos religiosos recibieron el nombre de Cartujos.

San Bruno redactó para sus monjes un reglamento que es quizás el más severo que ha existido para una comunidad que consistía en silencio perpetuo, levantarse a media noche a rezar por más de una hora y vivir totalmente incomunicados con el mundo, entre otros preceptos.

San Hugo llegó a admirar tanto la sabiduría y la santidad de san Bruno, que lo eligió como su director espiritual, y cada vez que podía se iba al convento de la Cartuja a pasar unos días en silencio y oración y pedirle consejos al santo fundador. Lo mismo el conde Rogerio, quien desde el día en que se encontró con Bruno la primera vez, sintió hacia él una veneración tan grande, que no dejaba de consultarlo cuando tenía problemas muy graves que resolver. Se cuenta que al conde le tenían preparada una trampa para matarlo, y en sueños se le apareció san Bruno para decirle que tuviera mucho cuidado, y así logró librarse de aquel peligro. En agradecimiento, el conde le obsequió una finca en Italia y allá el santo fundó un nuevo convento, con los mismos reglamentos de La Cartuja.

Sus últimos años los pasó entre misiones que le confiaba el Sumo Pontífice, y largas temporadas en el convento dedicado a la contemplación y a la penitencia. Murió el 6 de octubre de 1101.

Oración Oh Dios, que llamaste a san Bruno a serviros en la soledad, por su intercesión, concedednos que en medio de los avatares de este mundo, nuestro corazón encuentre siempre reposo en vos. Por Jesucristo Nuestro Señor, Amén.

11

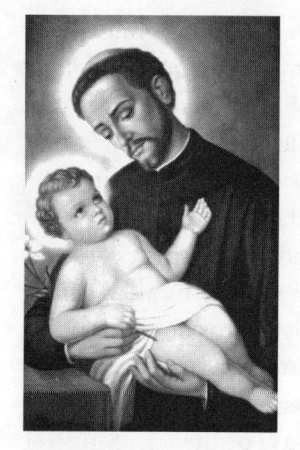

SAN CAYETANO

Fecha: 7 de agosto.
Patrono de los trabajadores, de los desempleados y de las personas que buscan trabajo.

Este santo nació en Vicenza, cerca de Venecia, Italia, en 1480. Su padre, un militar, murió defendiendo la ciudad contra un ejército enemigo. El niño quedó huérfano, al cuidado de su madre que se esmeró intensamente por formarlo. San Cayetano era de familia muy rica y se desprendió de todos sus bienes y los repartió entre los pobres.

Estudió en la Universidad de Padua, en donde obtuvo dos doctorados y allí sobresalió por su presencia venerable y por su bondad exquisita que le ganaba muchas amistades. Después se fue a Roma, donde llegó a ser secretario privado del papa Julio II, y notario de la Santa Sede.

El respeto que tenía por la Santa Misa era tan grande, que entre su ordenación sacerdotal y su primera misa pasaron tres meses, tiempo que dedicó a prepararse lo mejor posible a la santa celebración. En Roma se inscribió en una asociación llamada *Del Amor Divino*, cuyos socios se esmeraban por llevar una vida lo más fervorosa posible y por dedicarse a ayudar a los pobres y a los enfermos.

San Cayetano le escribía a un amigo: "Me siento sano del cuerpo pero enfermo del alma, al ver cómo Cristo espera la conversión de todos, y son tan poquitos los que se mueven a convertirse". Y éste era el más grande anhelo de su vida: que la gente empezaran a llevar una vida más de acuerdo con el santo Evangelio. Y donde quiera que estuviera trabajó por conseguirlo. En ese tiempo estalló la revolución de Lucero, que fundó a los evangélicos y se declaró en guerra contra la Iglesia de Roma. Muchos querían seguir su ejemplo, atacando y criticando a los jefes de la Iglesia Católica, pero san Cayetano les decía: "Lo primero que hay que hacer para reformar a la Iglesia es reformarse uno a sí mismo".

Los ratos libres los dedicaba, donde quiera que estuviera, a atender a los enfermos en los hospitales, especialmente a los más abandonados y repugnantes. Un día en su casa de religioso no había nada para comer porque todos habían repartido sus bienes entre los pobres. San Cayetano se fue al altar y dando unos golpecitos en la puerta del

Sagrario, donde estaban las hostias, dijo: "Jesús amado, te recuerdo que no tenemos hoy nada para comer". Al poco rato llegaron unas mulas trayendo muy buena cantidad de provisiones, y los arrieros no quisieron decir de dónde las enviaban.

Fundó asociaciones llamadas *Montes de piedad* (Montepíos) que se dedicaban a prestar dinero a gente muy pobre con bajísimos intereses.

En su última enfermedad el médico aconsejó que lo acostaran sobre un colchón de lana y el santo exclamó: "Mi Salvador murió sobre una tosca cruz. Por favor permítame a mí que soy un pobre pecador, morir sobre unas tablas". Y así murió en Nápoles, a la edad de 67 años, en 1547.

Oración Oh, Glorioso san Cayetano, Padre de la Providencia, no permitas que en mi casa me falte la subsistencia y de tu liberal mano una limosna te pido en lo temporal y humano. Oh Glorioso, san Cayetano, Providencia, Providencia, Providencia. (Aquí se pide la gracia que se desea conseguir.) Rezar Padre Nuestro, Ave María y Gloria. Jaculatoria Glorioso san Cayetano, interceded por nosotros ante la Divina Providencia.

12

SAN CHARBEL

Fecha: 24 de diciembre.
Patrono de cuantos sufren del cuerpo y alma.

Nació en el pueblo de Beqakafra, a 140 km del Líbano, capital libanesa, en 1828. Era el quinto hijo de Antun Makhlouf y Brigitte Chidiac, una piadosa familia campesina. Fue bautizado a los ocho días en la iglesia de Nuestra Señora en su pueblo natal, recibiendo por nombre Yusef (José). A los tres años el padre de Yusef fue inscrito en el ejército turco en la guerra contra los egipcios y murió cuando regresaba a casa. Su madre estuvo a cargo de la familia siendo gran ejemplo de virtud y fe. Pasado un tiempo, ella se casó de nuevo con un hombre devoto, quien eventualmente sería ordenado sacerdote (en el rito maronita, hombres casados son elegibles al sacerdocio).

Yusef ayudó a su padrastro en el ministerio sacerdotal. Desde joven era ascético y de profunda oración. Yusef estudió en la pequeña escuela parroquial del pueblo. A la edad de 14 años fue pastor de ovejas y se retiraba con frecuencia a una cueva que descubrió cerca de los pastizales para adentrarse en horas de oración. Por ello recibió muchas burlas de otros jóvenes pastores. Dos de sus tíos maternos eran ermitaños pertenecientes a la Orden Libanesa Maronita. Yusef acudía a ellos con frecuencia para aprender sobre la vida religiosa y el monacato en especial.

A los 20 años de edad, siente el llamado a otra vida. Después de tres años de espera, escuchó la voz del Señor: "Deja todo, ven y sígueme". Así, una mañana de 1851 se dirigió al convento de Nuestra Señora de Mayfouq. Al entrar en el noviciado renunció a su nombre bautismal y escogió Charbel como nombre de consagración.

En el monasterio de Annaya pasó muchos años de vida ejemplar de oración y apostolado. Entre éstos, el cuidado de los enfermos, el pastoreo de almas y el trabajo manual en cosas muy humildes.

Charbel recibió autorización para la vida ermitaña el 13 de febrero de 1875. Desde ese momento hasta su muerte, ocurrida en la ermita de los santos Pedro y Pablo, la víspera de la Navidad del año 1898, se dedicó a rezar siete veces al día la Liturgia de las Horas, la ascesis, la penitencia y el trabajo manual. Comía una vez al día y llevaba silicio.

Dios quiso señalar a este santo por numerosos prodigios: su cuerpo se ha mantenido incorrupto, sin la rigidez habitual, con la temperatura de una persona viva. Suda sangre, ocurren prodigios de luz constatados por muchas personas. El pueblo lo venera como santo aunque la jerarquía y sus mismos superiores prohibieron su culto formal mientras la Iglesia no pronunciara su veredicto. En 1950, al pasarle un amito por la cara, quedó impresa en la prenda, el rostro de Cristo como en el Sudario de Turín. San Charbel es el primer santo oriental canonizado por la Sede Apostólica desde el siglo XIII.

Oración Dios, infinitamente santo y glorificado en medio de tus santos. Tú que inspiraste al santo monje y ermitaño Charbel para que viviese y muriese en perfecta unión con Jesús Cristo, dándose la fuerza para renunciar al mundo y hacer triunfar desde su ermita, el heroísmo de sus virtudes monásticas: pobreza, obediencia y santidad. Te imploramos nos concedas la gracia de amarte y servirte siguiendo su ejemplo. Dios Todopoderoso, Tú que has manifestado el poder de la intercesión de San Charbel a través de sus numerosos milagros y favores, concédenos la gracia que te imploramos por su intercesión (…) Amén.

13

SAN COSME Y SAN DAMIÁN

Fecha: 26 de septiembre.
Patronos de enfermos, médicos, boticarios, ortopedistas y barberos. Actualmente se les considera intercesores en la donación y trasplante de órganos y tejidos.

En oriente los llaman *los no cobradores*, porque ejercían la medicina sin cobrar nada a los pacientes pobres. Eran hermanos gemelos y nacieron en Arabia, en el siglo III. Se dedicaron a la medicina y llegaron a ser muy afamados médicos, pues a los pobres no les cobraban la consulta ni los remedios. Lo único que les pedían era que les permitieran hablarles por unos minutos acerca de Jesucristo y de su evangelio.

La gente los quería muchísimo y en muchos pueblos eran considerados como unos verdaderos benefactores de los pobres. Y ellos aprovechaban su gran popularidad para ir extendiendo la religión de Jesucristo por todos los sitios donde llegaban.

Lisias, el gobernador de Cilicia, se disgustó muchísimo porque estos dos hermanos propagaban la religión de Jesús. Trató inútilmente de que dejaran de predicar, y como no lo consiguió, mandó echarlos al mar. Pero una ola gigantesca los sacó sanos y salvos a la orilla. Entonces los mandó quemar vivos, pero las llamas no los tocaron, y en cambio quemaron a los verdugos paganos que los querían atormentar. Entonces el mandatario pagano mandó que les cortaran la cabeza, y así derramaron su sangre por proclamar su amor al Divino Salvador.

Y sucedió entonces que junto a la tumba de los dos hermanos gemelos, Cosme y Damián, empezaron a obrarse maravillosas curaciones. El emperador Justiniano de Constantinopla, en una gravísima enfermedad, se encomendó a estos dos santos mártires y fue curado inexplicablemente. Con sus ministros se fue personalmente a la tumba de los dos santos a darles las gracias.

En Constantinopla levantaron dos grandes templos en honor de estos dos famosos mártires y en Roma les construyeron una basílica con bellos mosaicos.

Oración Gloriosísimos mártires Cosme y Damián, que apenas consumado vuestro sacrificio con la decapitación de vuestras cabezas con que quiso el Señor solicitar vuestra coronación allá en el Cielo visteis, al invocar vuestros nombres y por la veneración de vuestras reliquias, multiplicarse los prodigios de las curaciones instantáneas de enfermedades desesperantes, y la Santa Madre Iglesia os ha acogido en el número de los santos, cuya invocación es obligatoria para todos los sacerdotes en la celebración de la Santa Misa, implorad la gracia que, procurándonos imitar fielmente las eminentes virtudes por las cuales fuisteis considerados verdaderos modelos, merezcamos ser asistidos eficazmente por vosotros en todas nuestras necesidades tanto corporales como espirituales. Amén.

14

SAN CRISTÓBAL

Fecha: 10 de julio.
Patrono de los viajeros, los arqueros, los automovilistas, los barqueros, los conductores de autobús y de taxi; los vendedores de fruta, los marineros, los mozos de cuerda, los aguateros, las tormentas, el granizo. Los afectados de dolor de muelas.

Cristóbal significa *el que carga o portador de Cristo*. Su nombre griego es enigmático y se empareja con una de las leyendas más bellas y significativas de toda la tradición cristiana. Nos lo pintan como un hombre muy apuesto de estatura colosal, con gran fuerza física, y tan orgulloso que no se conformaba con servir a amos que no fueran dignos de él.

Cristóbal sirvió primero a un rey que tembló un día cuando le mencionaron al demonio. Cristóbal entonces decidió ponerse al servicio del diablo y buscó a un brujo que se lo presentara. Pero en el camino el brujo pasó junto a una cruz, y temblando la evitó. Cristóbal le preguntó si él le temía a las cruces, a lo que el brujo le contestó que le temía a Jesucristo, quien había muerto en la cruz. Cristóbal le preguntó si el demonio temía también a Cristo, y el brujo le contestó que el diablo tiembla a la sola mención de una cruz donde murió Jesucristo.

Cristóbal se lanzó entonces a los caminos en su búsqueda y terminó por apostarse junto al vado de un río, por donde pasaron incontables viajeros a los que él llevaba hasta la otra orilla a cambio de unas monedas. Nadie le daba razón del hombre muerto en la cruz, hasta que un día, cruzando la corriente con un insignificante niño, el peso de aquella criatura comenzó a parecerle insoportable y sólo a costa de enormes esfuerzos consiguió llevarlo a la orilla del río. Entonces Cristóbal se dio cuenta de que llevaba en hombros al universo entero, al mismo Dios que lo creó y redimió. Por fin había encontrado a *Aquél* a quien buscaba. Entonces el Señor lo llamó Cristóforo, Cristóbal, el portador de Cristo.

Cristóbal fue bautizado en Antioquía. Se dirigió sin demora a predicar a Licia y a Samos. Allí fue encarcelado por el rey Dagón, que estaba a las órdenes del emperador Decio. Resistió a los halagos del rey para que se retractara. Dagón le envió dos cortesanas, Niceta y Aquilina, para seducirlo. Pero fueron ganadas por Cristóbal y murieron mártires. Después de varios intentos de tortura, ordenó degollarlo. Según Gualterio de Espira, la nación Siria y el mismo Dagón se convirtieron a Cristo.

La efigie de san Cristóbal, siempre colosal y gigantesca, decora muchísimas catedrales, como la de Toledo, donde inspira protección y confianza.

Sus admiradores, para simbolizar su fortaleza, su amor a Cristo y la excelencia de sus virtudes, le representaron de gran corpulencia, con Jesús sobre los hombros y con un árbol lleno de hojas por báculo.

Oración (del conductor) Dame Señor mano firme y mirada vigilante para que a mi paso no cause daño a nadie. A ti Señor que das la vida y la conservas, suplico humildemente, guardes hoy la mía en todo instante. Libra Señor, a quienes me acompañan, de todo mal: choque, enfermedad, incendio o accidente. Enséñame a hacer uso también de mi coche, para remedio de las necesidades ajenas. Haz en fin, Señor, que no me arrastre el vértigo de la velocidad, y que, admirando la hermosura de este mundo logre seguir y terminar mi camino con toda felicidad. Te lo pido, Señor, por los méritos e intercesión de san Cristóbal, nuestro Gran Patrono.

15

SAN DÁMASO

Fecha: 11 de diciembre.
Patrono de la Arqueología Cristiana y de las catacumbas.

De familia española, fue secretario de los Pontífices, san Liberio y san Félix, y al ser elegido Papa, en 366, hizo honor a su nombre, que significa *domador*, porque tuvo que sofocar una sangrienta rebelión que en Roma se levantó contra él. Durante todo su pontificado se preocupó por obtener que los obispos de todas las naciones reconocieran al Pontífice de Roma como el obispo más importante del mundo.

Desde muy joven, su lectura preferida fue la santa Biblia, y decía que el manjar más exquisito que había encontrado en toda su vida era la Palabra de Dios. Tuvo como secretario al gran san Jerónimo, al cual le encargó que tradujera la santa Biblia al idioma popular, La Vulgata, que empleó la Iglesia Católica durante 15 siglos.

Dicen que fue él quien introdujo en las oraciones de los católicos el "Gloria al Padre, al Hijo y al Espíritu

Santo, como era en un principio, ahora y siempre por los siglos de los siglos. Amén".

A la edad de ochenta años murió el 11 de diciembre de 384 y fue sepultado en la tumba que él mismo se había preparado humildemente y después construyeron sobre su sepulcro la basílica llamada San Dámaso. Él redactó su propio epitafio: "Yo, Dámaso, hubiera querido ser sepultado junto a las tumbas de los santos, pero tuve miedo de ofender su santo recuerdo. Espero que Jesucristo que resucitó a Lázaro, me resucite también a mí en el último día".

Oración Pastor eterno, considerad con benevolencia a vuestro rebaño, y guardadlo con constante protección por vuestro bienaventurado Sumo Pontífice Dámaso, a quien constituisteis pastor de toda la Iglesia. Por Jesucristo Nuestro Señor, Amén.

16

SAN DIEGO DE ALCALÁ

Fecha: 13 de noviembre.
Patrono de los religiosos franciscanos no sacerdotes.

Nació en España en 1400, de familia muy pobre. Se dedicó a las labores manuales y a recoger leña, y con lo que ganaba ayudaba a muchos pobres. Y como el que más da, más recibe, la gente empezó a llevarle abundantes limosnas para que repartiera entre los necesitados. De joven fue a un campo solitario a acompañar a un familiar que hacía allí vida de monje ermitaño. Y de él aprendió el arte de la oración y de la meditación y un gran cariño por Jesús Crucificado. Pronto leyó la vida de San Francisco de Asís y se entusiasmó tanto por el modo de vivir de este santo, que pidió ser recibido como religioso franciscano y fue admitido.

Diego había hecho muy pocos estudios, pero era muy iluminado por luces celestiales, y así sucedía que cuando le preguntaban acerca de los temas espirituales más difíciles, daba unas respuestas que dejaban admirados a todos.

Fue enviado a misionar a las Islas Canarias y allá logró la conversión de muchos paganos y no permitió que los colonos esclavizaran a los nativos.

En 1449 hizo un viaje desde España hasta Roma a pie. Iba a asistir a la canonización de san Bernardino de Siena. Acompañaba al padre superior, el padre Alonso de Castro. Éste se enfermó y Diego lo atendió con tan gran esmero y delicadeza, que los superiores lo encargaron por tres meses de la dirección del hospital de la comunidad de Roma; allí hizo numerosas curaciones milagrosas a enfermos que parecían incurables.

A san Diego lo pintan llevando algo escondido en el manto. Es un mercado para los pobres. Y es que en sus últimos años estuvo de portero en varios conventos y regalaba a los pobres todo lo que encontraba. Se cuenta que un día en que llevaba un mercado a un mendigo, se encontró con un superior que era muy bravo y éste le preguntó qué llevaba allí. San Diego, muy asustado, le respondió que llevaba unas rosas, y al abrir el manto sólo aparecieron rosas y más rosas. Su amor por la Virgen Santísima era inmenso. Untaba a los enfermos con un poco de aceite de la lámpara del altar de la Virgen y los enfermos se curaban.

El 12 de noviembre de 1463, sintiéndose morir, pidió un crucifijo y recitando aquel himno del Viernes Santo que dice: "¡Dulce leño, dulces clavos que soportastéis tan dulce peso!" expiró santamente. En su sepulcro se obraron muchos milagros y el mismo rey de España, Felipe II, obtuvo la milagrosa curación de su hijo al rezarle a Diego. Por eso el rey le pidió al Sumo Pontífice que lo declarara santo.

Oración Todopoderoso y sempiterno Dios, que con admirable disposición eliges lo más flaco del mundo para confundir a lo más fuerte: concédenos benigno, a nuestra humildad, que por los ruegos de tu confesor san Diego merezcamos ser sublimados a la gloria eterna y celestial. Por Jesucristo Nuestro Señor, Amén.

17

SAN EFRÉN DE SIRIA

Fecha: 9 de junio.
Patrono de directores y líderes espirituales.

Efrén nació en Nisibe, Mesopotamia. Durante su vida logró gran fama como poeta y compositor de himnos religiosos, y en la antigüedad fue el más grande poeta cantor de la Santísima Virgen. Los antiguos lo llamaban *Arpa del Espíritu Santo*. A san Efrén le debemos en gran parte la introducción de los cánticos sagrados e himnos en las ceremonias católicas. Por medio de la música, los himnos se fueron haciendo populares y se extendieron muy pronto por todas las iglesias. La idea de dedicarse a componer himnos religiosos le llegó al ver que los herejes llevaban mucha gente a sus reuniones por medio de los cantos que allí recitaban. Y entonces Efrén dispuso hacer también muy simpáticas las reuniones de los católicos, por medio de himnos y cánticos religiosos, y en verdad que logró conseguirlo. Para inspirarse mejor, Efrén buscaba siempre la soledad de las montañas, y los sitios donde los eremitas y monjes vivían en oración y en continuo silencio.

El santo narra que en un sueño vio que de su lengua nacía una mata de uvas, la cual se extendía por muchas regiones, llevando a todas partes racimos muy agradables y provechosos. Con esto se le anunciaba que sus obras, sus himnos y cantos, se iban a extender por muchas regiones, llevando alegría y gratitud.

Los persas de Irán invadieron la ciudad de Nisibe, tratando de acabar con la religión católica, y entonces Efrén junto con gran número de católicos, huyeron a la ciudad de Edesa, donde pasó los últimos años de su vida, dedicado a componer sus inmortales poesías, y a rezar, meditar y enseñar religión a cuantos más podía.

El obispo de Edesa al darse cuenta de las cualidades artísticas del santo lo nombró director de la escuela de canto de la ciudad y allí estuvo durante 13 años formando maestros de canto para las parroquias. Sus himnos servían en las iglesias para exponer la doctrina cristiana, alejar las herejías y los vicios, y aumentar el fervor de los creyentes.

De san Efrén se conservan 77 himnos en honor de Cristo, de la Virgen Santísima y de los temas más sagrados de la religión católica. Su muerte sucedió probablemente en junio de 373. Fue nombrado Padre y Doctor de la Iglesia por Benedicto XVI.

Oración Mi santísima Señora, Madre de Dios, llena de gracia, tú eres la gloria de nuestra naturaleza, el canal de todos los bienes, la reina de todas las cosas después de la Trinidad, la mediadora del mundo después del Mediador; tú eres el puente misterioso que une la tierra con el cielo, la llave que nos abre las puertas del paraíso, nuestra abogada, nuestra mediadora. Mira mi fe, mira mis piadosos anhelos y acuérdate de tu misericordia y de tu poder. Madre de Aquel que es el único misericordioso y bueno, acoge mi alma en mi miseria y, por tu mediación, hazla digna de estar un día a la diestra de tu único Hijo.

18

SAN ELÍAS

Fecha: 20 de julio.
Patrono de los artesanos que fabrican tejas de arcilla.

En contraposición a un montón de falsas divinidades que el pueblo estaba adorando, suscitó Dios a un gran profeta para que recordara a su pueblo que sólo hay un Dios y que ese Dios es Yahvé: Elías.

Por orden de Dios, Elías se retiró a vivir a una cueva junto a una fuente de agua. Allá los cuervos le llevaron pan por la mañana y carne por la tarde. Cuando la fuente de agua se secó, Dios le ordenó que se fuera a vivir a una ciudad extranjera, llamada Sarepta.

Al llegar a Sarepta se encontró con una viuda que estaba recogiendo leña para cocinar. Él le pidió un poco de agua y un pan. La viuda entonces le respondió que tenía un poquitito de harina y una migaja de aceite, con lo que haría un pan para su hijo y ella, y después se morirían de hambre. Elías le dijo: Haga un pan para mí, y ya verá que la harina no se le acabará en su artesa, ni el aceite en su vasija, hasta el día en que vuelva a llover sobre la tierra. La mujer hizo lo que el profeta le mandaba, y sucedió como le había anunciado: ni la harina se acabó en su artesa, ni el aceite se disminuyó en su vasija, durante todos esos meses de escasez. Y así pudo alimentar a su hijo y al profeta.

Elías hizo que el rey Acab reuniera a todo el pueblo de Israel, junto al Monte Carmelo y también a los 450 profetas del falso dios Baal. Convocó a los presentes a poner dos altares: en uno estarían los sacerdotes de Baal. Y en el otro, el mismo Elías en nombre de Yahvé. Los sacerdotes invocaron a Baal para que enviara fuego del cielo y quemara sus ofrendas y Elías invocó a Yahvé. El que respondiera, ése sería el verdadero Dios. Y descendió fuego del cielo y consumió todo el sacrificio que él había colocado en el altar. El pueblo emocionado ante este milagro, acabó con todos los sacerdotes del falso dios Baal. Cuando la reina Jezabel supo lo ocurrido con su falso dios, dio orden de que asesinara a Elías, quien tuvo que salir huyendo por el desierto, para salvar la vida. Elías padeció una gran depresión de ánimo y deseó morirse. Pero Dios le envió un ángel que le llevó un pan y una jarra de agua, y con este alimento tuvo fuerzas para andar 40 días por el desierto hasta llegar al Monte Horeb o Sinaí y esconderse allí.

El profeta nombró como su sucesor a Eliseo y fue avisado por Dios de que iba a ser llevado al cielo. En compañía de Eliseo llegó al río Jordán y lo tocó con su manto, y el río se abrió en dos y pasaron al otro lado sin mojarse los pies.

Oración Señor Jesucristo, que eres la palabra del padre, te pedimos que, a ejemplo del santo profeta Elías, prediquemos al verdadero Dios revelado en Ti; no tengamos temor de denunciar el error y el pecado como contrarios a tu voluntad y vivamos nuestros días en santidad y justicia. A Ti, que vives y reinas por los siglos de los siglos. Amén.

19

SAN ELOY

Fecha: 1 de diciembre.
Patrono de los orfebres, plateros, joyeros, metalúrgicos y herradores.

San Eloy fue el más famoso orfebre de Francia en el siglo VII. Dios le concedió desde muy pequeño grandes cualidades para trabajar, con mucho arte, el oro y la plata. Nació en 588 en Limoges, Francia. Su padre, que era también un artista en trabajar metales, se dio cuenta de que el niño tenía capacidades excepcionales para el arte y lo puso bajo la dirección de Abon, el encargado de fabricar las monedas en Limoges.

Cuando aprendió bien el arte de la orfebrería, Eloy se fue a París y se hizo amigo del tesorero del rey. Clotario II le encomendó que le fabricara un trono adornado con oro y piedras preciosas. Pero con el material recibido, Eloy hizo dos hermosos tronos. El rey quedó admirado de la honradez, de la inteligencia, la habilidad y las otras cualidades del joven artista y lo nombró jefe de la casa de moneda (todavía se conservan monedas de ese tiempo que llevan su nombre). El santo fabricó también los preciosos relicarios en los cuales se guardaron las reliquias de san Martín, san Dionisio, san Quintín, santa Genoveva y san Germán.

Eloy se propuso no dejarse llevar por las costumbres materialistas y mundanas de la corte. Y aunque vestía muy bien, como alto empleado, era muy mortificado en el mirar, comer y hablar. Y era tan generoso con los necesitados que cuando alguien preguntaba: "¿Dónde vive Eloy?", le respondían: "siga por esta calle, y donde vea una casa rodeada por una muchedumbre de pobres, ahí vive Eloy".

Se propuso ayudar a cuanto esclavo pudiera y con el dinero que conseguía, pagaba para que les concedieran libertad. Varios de ellos permanecieron ayudándole a él durante toda su vida porque los trataba como un bondadoso padre.

El nuevo rey Dagoberto le regaló un terreno en Limousin, donde fundó un monasterio de hombres. Luego le regaló un terreno en París y allá fundó un monasterio para mujeres. Al cercar el terreno se apropió de unos metros más de los concedidos, y al darse cuenta fue con el monarca para pedirle perdón por ello. El rey exclamó: Otros me roban kilómetros de terreno y no se les da nada.

En cambio este buen hombre viene a pedirme perdón por unos pocos metros que se le fueron de más.

Por sus grandes virtudes fue elegido obispo de Rouen y predicaba donde quiera que podía. Se conservan 15 sermones suyos, y en ellos ataca vigorosamente a la superstición, a la creencia en maleficios, sales, lectura de naipes o de las manos, y recomienda dedicar bastante tiempo a la oración, asistir a la Santa Misa y comulgar. Insistía en la santificación de las fiestas, en asistir a misa cada domingo y en descansar siempre en el día del Señor. Prohibía trabajar más de dos horas los domingos.

Cuando ya llevaba 19 años gobernando a su diócesis, supo por revelación que se le acercaba la hora de su muerte y comunicó la noticia a su clero. Poco después le llegó una gran fiebre. Convocó a todo el personal que trabajaba en su casa de obispo y se despidió de ellos dándoles las gracias y prometiéndoles orar por cada uno. Murió el 1º de diciembre de 660.

Oración Haced, oh Dios omnipotente, que la augusta solemnidad del bienaventurado Eloy, vuestro confesor pontífice, aumente en nosotros el espíritu de piedad y el deseo de la salvación. Por Jesucristo Nuestro Señor. Amén.

20

SAN ENRIQUE

Fecha: 13 de julio.
Patrono de personas estériles, matrimonios sin hijos, incapacitados e inválidos; duques, reyes, personas rechazadas en órdenes religiosas. Protector contra la esterilidad.

Su hermano Bruno fue obispo. Su hermana Brígida fue monja. La otra hermana, Gisela, fue la esposa de san Esteban, rey de Hungría. Su madre lo confió desde muy jovencito a la dirección de otro fervoroso personaje, san Wolfgang, obispo de Ratisbona, el cual lo educó de la mejor manera posible.

Al poco tiempo de haberse muerto su maestro, Enrique vio que se le aparecía en sueños y escribía en una pared esta frase: "Después de seis". Él se imaginó que le avisaban que dentro de seis días iba a morir y se dedicó con todo su fervor a prepararse para bien morir. Pero pasaron lo seis días y no murió. Entonces creyó que eran seis meses los que le faltaban de vida, y dedicó ese tiempo a lecturas espirituales, oraciones, limosnas a los pobres, obras buenas a favor de los más necesitados y cumplimiento exacto de su deber de cada día. Pero a los seis meses tampoco murió. Se imaginó que el plazo que le habían anunciado eran seis años, y durante ese tiempo se dedicó con mayor fervor a sus prácticas de piedad, a obras de caridad y a ejercer lo mejor posible sus oficios, y a los seis años... lo que le llegó no fue la muerte sino el nombramiento de Emperador.

Sucedió que en Roma un anticristo se atrevió a quitarle el puesto al papa Benedicto VIII. Éste pidió auxilio a Enrique, el cual con un fortísimo ejército invadió Italia, derrotó a los enemigos del pontífice y le restituyó su alto cargo. En premio por todo esto, Benedicto lo coronó en Roma como emperador de Alemania, Italia y Polonia. La fama de su bondad corrió pronto por toda Alemania e Italia, ganándose la simpatía general. En sus labores caritativas le ayudaba su virtuosa esposa, santa Cunegunda, mujer ejemplar en toda tarea.

Poco antes de morir, el 13 de julio de 1024, contó a sus familiares que con su esposa santa Cunegunda había hecho voto de virginidad, y que habían vivido siempre como dos hermanos. San Enrique es el único emperador declarado santo por la Iglesia Católica.

Oración Dios Todopoderoso y Eterno que suscitas gobernantes sabios, humildes y santos para gobernar con sabiduría a tu pueblo, te pedimos, por intercesión del emperador san Enrique que guíes los pasos de aquellos que presiden a nuestro pueblo. Por Jesucristo, tu Hijo, Nuestro Señor. Amén.

21

SAN EZEQUIEL MORENO

Fecha: 19 de agosto.
Patrono de los enfermos de cáncer.

Tercer hijo de un matrimonio de pobres en bienes de fortuna pero rico en virtudes, nació Ezequiel Moreno el 9 de abril de 1848, en Alfaro, provincia de La Rioja, España. Su padre Félix, sastre de profesión, y su madre, Josefa Díaz, modelos de honradez y piedad, inculcaron a sus cinco hijos las más puras esencias del vivir cristiano. Ezequiel sintió desde niño la llamada de Dios a la vida religiosa. Quería ser misionero en las Islas Filipinas, donde la integridad de su conducta, su amor por los enfermos y sus insaciables ansias misioneras le ganaron la estima de los superiores, que pronto le confiaron el delicado encargo de misionero y capellán castrense en una expedición del gobierno español a la isla de Palawan. Allí pudo desplegar su celo apostólico en la colonia militar y sus afanes misioneros en sus correrías por la isla.

Su intensa actividad y el paludismo acabaron con su salud y a los nueve meses se vio obligado a volver a Manila.

En 1895 fue nombrado obispo de Pasto. Al recibir la noticia le vino a la mente la pregunta angustiosa, "¿Nos habremos hecho indignos de sufrir por Dios Nuestro Señor?". En su nueva misión le esperaban situaciones más dolorosas: humillaciones, desprecios, calumnias, persecuciones y, en algún momento, la sensación de abandono por parte de algunas autoridades eclesiásticas.

Con ocasión de las polémicas suscitadas en torno a su persona por su firmeza en la defensa de la fe, durante su visita *ad limina* en 1898, presentó su renuncia al papa León XIII, pero su renuncia no fue admitida y fray Ezequiel tuvo que volver a su diócesis, donde lo esperaban nuevos ataques y las angustias de una guerra civil.

En 1905 se les manifestó una grave enfermedad, cáncer en la nariz. Los médicos le aconsejaron viajar a Europa para operarse, y él se resistió porque "descansa dulcemente en los brazos de Jesús". En 1906 fue sometido a una operación muy dolorosa, en gran parte sin anestesia, que según el cirujano Compaired soportó con "heroísmo de santo y bienaventurado". Sin embargo dicha operación tuvo que repetirse en marzo de ese mismo año, sin éxito alguno.

Pasó sus últimos días en su celda conventual de Monteagudo, para rendir allí al Señor el homenaje de su vida.

El 19 de agosto, tras soportar con fortaleza sobrenatural intensos dolores, con su mirada fija en el crucifijo, exhaló su último suspiro y entregó su alma al Señor.

Sepultado en la Iglesia de la Virgen del Camino del Convento de Monteagudo, sus restos reposan hoy en una capilla construida recientemente dentro del recinto de la misma iglesia.

Oración ¡Jesús de mi alma! ¿Qué hago para amarte mucho? Dime, Bien mío, dime… ¿Qué hago? ¿Por qué, buen Jesús, por qué no obras el prodigio de matarme de amor hacia ti? ¡Ven, Jesús mío, ven y sacia mi pobre alma! ¡Ven y andemos juntos por estos montes y valles cantando amor!... ¡Que yo oiga tu voz en el ruido de los ríos, de los torrentes, de las cascadas! ¡Que me llame hacia ti el suave roce de las hojas de los árboles agitadas por el viento!... ¡Que te vea Bien mío en la hermosura de las flores! ¡Que los ardientes rayos del sol de la costa sean fríos, muy fríos, comparados con los rayos de amor que me lance tu Corazón! ¡Que las gotas de agua que me han caído y me caigan sean pedacitos de tu amor que me hagan prorrumpir en otros tantos actos de ese amor! Que mi sed y mi cansancio y mis privaciones y mis fatigas, sean... ¿qué amor mío, qué han de ser? ¡Ah! Ya lo sé y Tú me lo has inspirado... que sean suspiros de mi alma enamorada, cariños, amor mío, ternuras, afectos, rachas huracanadas de amor, pero loco... Jesús mío, amor loco... ¡Te lo he pedido tantas veces!... ¿Cuándo, mi Jesús, cuándo me oyes? ¡Ah! Te amo de todos modos... Sí, Jesús mío, de todos modos te amo.

22

SAN FELIPE DE JESÚS

Fecha: 5 de febrero.
Patrono de la ciudad de México y su Arzobispado.

Nació en la ciudad de México en 1572, hijo de honrados inmigrantes españoles. En su niñez se caracterizó por su índole inquieta y traviesa. Se cuenta que su aya, una buena negra cristiana, al comprobar las diarias travesuras de Felipe, solía exclamar, con la mirada fija en una higuera seca que, en el fondo del jardín, levantaba a las nubes sus áridas ramas: "Antes la higuera seca reverdecerá, que Felipe llegue a ser santo", sólo que el niño no tenía madera de santo. Un buen día entró en el noviciado de los franciscanos dieguinos; mas no pudo resistir la austeridad y se escapó del convento.

Regresó a la casa paterna y ejerció durante algunos años el oficio de platero, aunque con escasas ganancias, por lo que su padre lo envió a las islas Filipinas a probar fortuna. Felipe contaba ya para entonces 18 años. Se estableció en el emporio de artes, riquezas y placeres que era en esos tiempos la ciudad de Manila.

Felipe gozó por un tiempo de los deslumbrantes atractivos de aquella ciudad, pero pronto se sintió angustiado: el vacío de Dios se dejó sentir muy hondo y en medio de aquel doloroso vacío, oyó la tenue llamada de Cristo: "Si quieres venir en pos de Mí, renuncia a ti mismo, toma tu cruz y sígueme", entonces Felipe tomaría para siempre muy en serio su conversión. Oró, estudió, cuidó amorosamente a los enfermos y necesitados… tiempo después le anunciarían que ya podía ordenarse sacerdote, y que, por gracia especial, esa ordenación tendría lugar precisamente en su ciudad natal, en México.

Se embarcó juntamente con fray Juan Pobre y otros franciscanos rumbo a la Nueva España; pero una gran tempestad arrojó el navío a las costas de Japón, entonces evangelizado, entre otros, por fray Pedro Bautista y algunos Hermanos de la provincia franciscana de Filipinas.

Felipe, por su calidad de náufrago, hubiera podido evitar honrosamente la prisión y los tormentos, como habían hecho fray Juan Pobre y otros compañeros de naufragio. Pero Felipe rechazó esa manera fácil de rehuir su actividad. Quería convertirse siempre más a fondo, hasta abrazarse del todo con la cruz de Cristo. Siguió, pues, hasta el último suplicio a san Pedro Bautista y demás misioneros franciscanos que desde hacía años evangelizaban el Japón. Fue llevado en procesión por algunas de las principales ciudades para que se burlaran de él. Sufrió pacientemente que le cortaran, como a todos los demás, una oreja, y, finalmente en Nagasaki, en compañía de otros 21 franciscanos, cinco de la Primera Orden y quince de la Tercera Orden, además de tres jóvenes jesuitas, se abrazó a la cruz de la cual fue colgado, suspendido mediante una argolla y atravesado por dos lanzas. Felipe fue el primero en morir de todos aquellos gloriosos mártires.

Oración San Felipe de Jesús Patrono y modelo nuestro, tú que tuviste la gloria de ser el Primer Mártir mexicano que ofrendara su vida por amor a Cristo, en testimonio de nuestra Santa Fe, alcanza para tu Asociación un amor ardiente y decidido a nuestro Divino Salvador y a su Iglesia; enséñanos a trabajar sin descanso con el celo infatigable de los Apóstoles, con el sacrificio heroico de nuestro mártires y con la pureza intención de los Santos.

Alcánzanos la Gracia de llegar a ser luz para los que andan en tinieblas, heraldos de Nuestra sacrosanta religión, Defensores de la Verdad e Instrumentos de paz y amor entre nuestros hermanos, para que merezcamos alcanzar, como Tú, la recompensa Eterna. Así sea.

23

SAN FELIPE NERI

Fecha: 28 de mayo.
Patrono de educadores, humoristas, niñas, asociaciones para la protección infantil, enfermedades de las articulaciones.

(Sacerdote, fundador, año 1595) San Felipe nació en Florencia, Italia, en 1515. Huérfano de madre, su padre lo envió a casa de un tío muy rico, el cual planeaba legarle todos sus bienes. Felipe se dio cuenta de que las riquezas le podían impedir dedicarse a Dios, y un día tuvo lo que él llamó su primera *conversión*: se alejó de la casa del riquísimo tío y se fue para Roma llevando únicamente la ropa que llevaba puesta. En adelante quería confiar solamente en Dios y no en riquezas o familiares pudientes.

Al llegar a Roma se hospedó en casa de un paisano suyo de Florencia. La habitación de Felipe no tenía sino la cama y una sencilla mesa. Su alimentación consistía en una sola comida al día: un pan, un vaso de agua y unas aceitunas.

El propietario de la casa declaraba que desde que Felipe les daba clases a sus hijos, éstos se comportaban como ángeles.

Por inspiración de Dios se dedicó por completo a enseñar catecismo a la gente pobre. Felipe había recibido de Dios el don de la alegría y de amabilidad. Como era tan simpático en su modo de tratar a la gente, fácilmente se hacía amigo de obreros, de empleados, de vendedores y niños de la calle y empezaba a hablarles del alma, de Dios y de la salvación. A aquellas personas que le demostraban mayores deseos de progresar en santidad, las llevaba de vez en cuando a atender enfermos en hospitales de caridad, que en ese tiempo eran paupérrimos, abandonados y necesitados de todo.

Otra de sus prácticas era llevar a las personas que deseaban empezar una vida nueva, a visitar en devota procesión los siete templos principales de Roma y en cada uno dedicarse un buen rato a orar y meditar. Le encantaba irse a rezar en las puertas de los templos o en las catacumbas o grandes cuevas subterráneas de Roma, donde están encerrados los antiguos mártires.

Felipe pedía al cielo que se le concediera un gran amor hacia Dios. Y durante la vigilia de la fiesta de Pentecostés, rezando con gran fe y pidiendo a Dios poder amarlo con todo su corazón, éste le creció y se le saltaron dos costillas.

Felipe entusiasmado y casi muerto de la emoción exclamaba: "¡Basta Señor, basta! ¡Que me vas a matar de tanta alegría!" En adelante experimentaba tan grandes accesos de amor a Dios que todo su cuerpo de estremecía, y en pleno invierno tenía que abrir su camisa y descubrirse el pecho para mitigar un poco el fuego de amor que sentía hacia el Señor.

Fundó un gran hospital llamado De la Santísima Trinidad y los peregrinos, y allá durante el año del Jubileo en 1757, atendieron a 145 000 peregrinos.

En su casa de Roma reunía a centenares de niños desamparados para educarlos y volverlos buenos cristianos. Estos muchachos hacían un ruido ensordecedor, y algunos educadores los regañaban fuertemente. Pero san Felipe les decía: "Haced todo el ruido que queráis, que a mí lo único que me interesa es que no ofendáis a Nuestro Señor. Lo importante es que no pequéis. Lo demás no me disgusta". Esta frase la repetirá después un gran imitador suyo, San Juan Bosco.

Una vez tuvo un fuerte ataque de vesícula. El médico vino a hacerle un tratamiento, pero de pronto el santo exclamó: "Por favor háganse a un lado que ha venido Nuestra Señora la Virgen María a curarme". Y quedó sanado inmediatamente. A varios enfermos los curó al imponerles las manos. A muchos les anunció lo que les iba a suceder en el futuro. En la oración le venían los éxtasis y se quedaba sin darse cuenta de lo que sucedía a su alrededor. Muchas personas vieron que su rostro se llenaba de luces y resplandores mientras rezaba o mientras celebraba la Santa Misa.

El 25 de mayo de 1595 su médico lo vio tan extraordinariamente contento que le dijo: "Padre, jamás lo había encontrado tan alegre", y él le respondió: "Me alegré cuando me dijeron: vayamos a la casa del Señor". A la medianoche le dio un ataque y levantando la mano para bendecir a sus sacerdotes que lo rodeaban, expiró dulcemente. Tenía 80 años. Cuando lo fueron a enterrar notaron que tenía dos costillas saltadas y que éstas se habían arqueado para darle puesto a su corazón que se había ensanchado notablemente.

Oración San Felipe Neri, santo de la alegría, dónanos del Señor los anticipos de la eterna delicia y líbranos de la amargura. Intercede por nosotros ante Dios Todopoderoso y eterno que vive y reina por los siglos de los siglos. Amén.

24

SAN FRANCISCO DE ASÍS

Fecha: 4 de octubre.
Patrono de los comerciantes, la Ecología, los animales, protección del medio ambiente, los Lobatos y los *scouts*.

Nació en Asís, Italia, en 1182. Su padre, Pedro Bernardone, un hombre muy admirado y amigo de Francia, le puso el nombre de Francisco, que significa *el pequeño francesito*.

A Francisco le agradaba asistir a fiestas, paseos y reuniones. Su padre tenía uno de los mejores almacenes de ropa en la ciudad y al muchacho le sobraba el dinero. Los negocios y el estudio no le llamaban la atención, pero tenía la cualidad de no negar un favor o una ayuda a un pobre siempre que pudiera hacerlo. Tenía veinte años cuando hubo una guerra entre Asís y la ciudad de Perugia. Francisco salió a combatir por su ciudad y cayó prisionero de los enemigos. La prisión duró un año, tiempo que él aprovechó para meditar y pensar seriamente en la vida.

Al salir de la prisión se incorporó otra vez en el ejército de su ciudad, y se fue a combatir a los enemigos. Se compró una armadura sumamente elegante y el mejor caballo que encontró. En el camino se le presentó un pobre militar que no tenía con qué comprar armadura ni caballería, y Francisco, conmovido, le regaló todo su lujoso equipo militar. Esa noche en sueños sintió que le presentaban en cambio de lo que él había obsequiado, unas armaduras mejores para enfrentarse a los enemigos del espíritu.

Francisco no llegó al campo de batalla porque se enfermó y en plena enfermedad oyó que una voz del cielo le decía: "¿Por qué dedicarse a servir a los jornaleros, en vez de consagrarse a servir al Jefe Supremo de todos?" Entonces se volvió a su ciudad pero ya no a divertirse, sino a meditar acerca de su futuro. La gente al verlo tan silencioso y meditabundo comentaba que Francisco probablemente estaba enamorado. Él comentaba: "Sí, estoy enamorado y es de la novia más fiel y más pura y santificadora que existe". Los demás no sabían de quién se trataba, pero él sí sabía muy bien que se estaba enamorando de la pobreza, de una manera de vivir lo más parecida a como vivió Jesús. Y se fue convenciendo de que debía vender todos sus bienes y darlos a los pobres. Paseando un día por el campo encontró a un leproso lleno de llagas y sintió un gran asco hacia él y una inspiración divina. Entonces se acercó al leproso, y venciendo la espantosa repugnancia que sentía, le besó las llagas.

Un día, rezando ante un crucifijo en la iglesia de san Damián, le pareció oír que Cristo le decía tres veces: "Francisco, tienes que reparar mi casa, porque está en ruinas". Él creyó que Jesús le mandaba arreglar las paredes de la iglesia de san Damián, que estaban muy deterioradas, y se fue a su casa, vendió su caballo y una buena cantidad de telas del almacén de su padre y le trajo dinero al padre capellán de san Damián, pidiéndole que lo dejara quedarse allí ayudándole a reparar esa construcción que estaba en ruinas.

El sacerdote le dijo que le aceptaba el quedarse allí, pero que el dinero no, así que Francisco dejó el dinero en una ventana. El prelado devolvió el dinero al airado padre, y Francisco, despojándose de su camisa, de su saco y de su manto, los entregó a su padre diciéndole: "Hasta ahora he sido el hijo de Pedro Bernardone. De hoy en adelante podré decir: Padre Nuestro que estás en los cielos".

Dispuso ir a Egipto a evangelizar al sultán y a los mahometanos. Pero ni el jefe musulmán ni sus fanáticos seguidores quisieron aceptar sus mensajes. Entonces se fue a Tierra Santa a visitar en devota peregrinación a Belén, Nazaret y Jerusalén. En recuerdo de esta piadosa visita suya los franciscanos están encargados desde hace siglos de custodiar los santos lugares de Tierra Santa. Por no cuidarse bien de las calientísimas arenas del desierto de Egipto se enfermó de los ojos y cuando murió estaba casi completamente ciego.

Cuando sólo tenía 44 años sintió que le llegaba la hora de partir a la eternidad. Dejó fundada la comunidad de Franciscanos, y la de hermanas Clarisas. El 3 de octubre de 1226, acostado en el duro suelo, cubierto con un hábito que le habían prestado de limosna, y pidiendo a sus seguidores que se amen siempre como Cristo los ha amado, murió como había vivido: lleno de alegría, de paz y de amor a Dios. Fue él quien popularizó la costumbre de hacer pesebres para Navidad.

Oración Beatísimo Padre, aunque indigno por muchos conceptos, yo tengo la dicha de ser hijo vuestro; miradme como a tal, y no ceséis de interceder por mí ante la Divina Misericordia; alcanzadme el perdón de todos mis pecados; la gracia de vivir pobre de espíritu, casto y mortificado, practicando todos los días de mi vida, a ejemplo vuestro, la santa humildad, para honrar con estas virtudes a nuestro divino Salvador, a su santísima Madre y a vos, mi seráfico Padre, a fin de merecer la dicha de reinar eternamente con Vos en el cielo. Así sea.

25

SAN FRANCISCO DE SALES

Fecha: 24 de enero.
Patrono de los escritores y periodistas. Lo es también de la familia salesiana.

Nació en los Alpes, en el castillo saboyano de Sales. Estudió en la Universidad de París y en Padua. Canónigo de Annecy, obispo auxiliar de Ginebra, líder de debates con los protestantes, apóstol de la región de Chablais.

En su juventud tenía mal genio. Se cuenta que al hacerle la autopsia, le encontraron el hígado tan endurecido como una piedra. San Francisco de Sales escribió: "No nos enojemos en el camino unos contra otros; caminemos con nuestros hermanos y compañeros con dulzura, paz y amor; y te lo digo con toda claridad y sin excepción alguna: no te enojes jamás, si es posible; por ningún pretexto des en tu corazón entrada al enojo".

Escribía como un ángel. De forma, que los franceses lo tienen entre sus clásicos de literatura. Se dice que escribía de día hojas clandestinas y la metía por debajo de las puertas, de noche. Por esa razón, se ganó el premio "patrono de los periodistas".

Oración Glorioso San Francisco de Sales, vuestro nombre porta la dulzura del corazón más afligido; vuestras obras destilan la selecta miel de la piedad; vuestra vida fue un continuo holocausto de amor perfecto lleno del verdadero gusto por las cosas espirituales, y del generoso abandono en la amorosa divina voluntad. Enséñame la humildad interior, la dulzura de nuestro exterior, y la imitación de todas las virtudes que has sabido copiar de los Corazones de Jesús y de María. Amén.

26

SAN GABRIEL

Fecha: 29 de septiembre y se celebra junto con san Rafael y san Miguel, todos arcángeles.
Patrono de los embajadores. De las comunicaciones y de los comunicadores.

San Gabriel. Su nombre significa: "Dios es mi protector". A este arcángel se le nombra varias veces en la Biblia. Él fue el que le anunció al profeta Daniel el tiempo en el que iba a llegar el Redentor.

Al arcángel san Gabriel se le confió la misión más alta que jamás se le haya confiado a criatura alguna: anunciar la encarnación del Hijo de Dios. Por eso se le venera mucho desde la antigüedad. San Lucas dice: "Fue enviado por Dios el ángel Gabriel a una ciudad de Galilea, a una virgen llamada María, y llegando junto a ella, le dijo: 'Salve María, llena de gracia, el Señor está contigo'. Ella se turbó al oír aquel saludo, pero el ángel le dijo: 'No temas María, porque has hallado gracia delante de Dios. Vas a concebir un hijo a quien pondrás por nombre Jesús. Él será Hijo del Altísimo y su Reino no tendrá fin'".

Oración Dios, que entre todos los ángeles elegiste al arcángel Gabriel para anunciar los misterios de tu Encarnación; concédenos benignamente que los que celebramos su festividad en la tierra, experimentemos su patrocinio en el cielo. Amén.

27

SAN HUMBERTO

Fecha: 13 de marzo. **Patrono** de los cazadores y de los obispos que quieren gobernar regiones problemáticas.

Humberto era hijo del rey Bertrand de Aquitania. Fue enviado a estudiar al palacio del rey de Neustria, Bélgica, pero allá había malas costumbres y salió huyendo para no volverse vicioso. Fue entonces al palacio del rey de Austrasia, donde recibió una buena educación, y se casó con una hija del rey y tuvo un hijo a quien llamó Floriberto. De joven era muy aficionado a la cacería.

Un Viernes Santo en vez de ir a las ceremonias religiosas se fue de cacería. Persiguiendo un venado en pleno bosque éste se detuvo repentinamente y los perros y los caballos saltaron asustados hacia atrás. Entre los cuernos del venado apareció una cruz luminosa y Humberto oyó una voz que le decía: "Si no vuelves hacia Dios, caerás en el infierno". El joven príncipe se fue en busca del obispo san Lamberto, ante el cual pidió de rodillas perdón por sus pecados. El santo obispo le concedió el perdón y se dedicó a instruirlo muy esmeradamente en la religión. Poco después murió la esposa y entonces Humberto quedó libre para dedicarse totalmente a la vida espiritual. Renunció al derecho que tenía de ser heredero del trono, repartió sus bienes a los pobres y fue ordenado sacerdote. Entró de monje en el convento de los Padres Benedictinos y se dedicó a la oración, a la lectura y meditación y a humildes trabajos en el convento, como hortelano y pastor de ovejas.

Fue llamado a remplazar a Lamberto el santo obispo a quien habían asesinado los enemigos de la religión. Aunque tenía miedo de aceptar tan alto cargo, una visión sobrenatural lo convenció de que debía aceptar, y fue consagrado obispo de la Iglesia Católica.

El territorio que le correspondió gobernar a san Humberto estaba poblado por gente que adoraba ídolos y era muy cruel. Recorrió todas las regiones enseñando la verdadera religión y alejando a la gente de las falsas creencias y dañosas supersticiones.

Un día vio que ardía en llamas la casita de una pobre mujer. Se puso a rezar con toda fe y el incendio se apagó milagrosamente.

En 727 Dios le anunció que pronto iba a morir, y al terminar una misa les dijo a los fieles: "Ya no volveré a beber este cáliz entre vosotros". Poco después se enfermó y murió santamente, dejando entre la gente el recuerdo de una vida dedicada totalmente al bien de los demás.

Oración Haced, oh Dios omnipotente, que la augusta solemnidad de san Humberto, vuestro confesor pontífice, aumente en nosotros el espíritu de piedad y el deseo de la salvación. Por Jesucristo Nuestro Señor. Amén.

28

SAN IGNACIO DE LOYOLA

Fecha: 31 de julio.
Patrono de los misioneros.

San Ignacio nació en 1491 en el castillo de Loyola, en Guipúzcoa, norte de España, cerca de los montes Pirineos que están en el límite con Francia. Sus padres, de familias muy distinguidas, tuvieron once hijos: El más joven fue Ignacio. El nombre que le pusieron en el bautismo fue Íñigo. Entró a la carrera militar, pero en 1521, a la edad de 30 años, siendo ya capitán, fue gravemente herido mientras defendía el Castillo de Pamplona. Al ser herido su jefe, la guarnición del castillo capituló ante el ejército francés.

Los vencedores lo enviaron a su Castillo de Loyola a que fuera tratado de su herida. Le hicieron tres operaciones en la rodilla, dolorosas y sin anestesia; pero no permitió que lo atasen ni que nadie lo sostuviera. Durante las operaciones no prorrumpió ni una queja. Los médicos se admiraban. Sin embargo quedó cojo para toda la vida. Mientras estaba en convalecencia pidió que le llevaran novelas de caballería, llenas de narraciones inventadas e imaginarias. Pero su hermana le dijo que no tenía más libros que La vida de Cristo y el Año Cristiano que le impresionaron profundamente y pensó: "¿Y por qué no tratar de imitarlos? Si ellos pudieron llegar a ese grado de espiritualidad, ¿por qué no lo voy a lograr yo? ¿Por qué no tratar de ser como san Francisco o santo Domingo?

Mientras se proponía seriamente convertirse, una noche se le apareció Nuestra Señora con su Hijo Santísimo. La visión lo consoló inmensamente. Desde entonces se propuso no dedicarse a servir a gobernantes de la tierra sino al Rey del cielo.

En 1523 se fue en peregrinación a Jerusalén, pidiendo limosna por el camino. Todavía era muy impulsivo y un día casi ataca a espada a uno que hablaba mal de la religión. Por eso le aconsejaron que no se quedara en Tierra Santa donde había muchos enemigos del catolicismo. Después fue adquiriendo gran bondad y paciencia.

A los 33 años empezó como estudiante de colegio en Barcelona, España. Sus compañeros de estudio eran mucho más jóvenes que él y se burlaban mucho. Después pasó a la Universidad de Alcalá. Vestía muy pobremente y vivía de limosna. Reunía a niños para enseñarles religión; hacía reuniones de gente sencilla para tratar temas de espiritualidad, y convertía pecadores hablándoles amablemente de lo importante que es salvar el alma.

Se fue a París a estudiar en su famosa Universidad de La Sorbona. Allá formó un grupo con seis compañeros que se han hecho famosos porque con ellos fundó la Compañía de Jesús.

Fundó casas de su congregación en España y Portugal. Envió a san Francisco Javier a evangelizar Asia. De los jesuitas que envió a Inglaterra, 22 murieron martirizados por los protestantes. San Ignacio escribió más de seis mil cartas dando consejos espirituales. El Colegio que san Ignacio fundó en Roma llegó a ser modelo en el cual se inspiraron muchísimos colegios más y ahora se ha convertido en la célebre Universidad Gregoriana.

El libro más famoso de san Ignacio es *Ejercicios Espirituales* y es lo mejor que se ha escrito acerca de cómo hacer bien los santos ejercicios y pasó 15 años escribiéndolo.

Murió súbitamente el 31 de julio de 1556 a la edad de 65 años.

Oración Santísimo padre san Ignacio de Loyola, fundador de la Compañía de Jesús; escogido entre millares para dilatar la gloria de Dios por los cuatro ángulos del mundo; varón eminentísimo en toda clase de virtudes, pero especialmente en la pureza de intención con que siempre anhelabas la mayor gloria de Dios; héroe insigne de penitencia, humildad y prudencia; infatigable, constante, devotísimo, prodigiosísimo; de caridad excelentísima para con Dios, de vivísima fe y esperanza robustísima; me gozo, amado Padre mío, de verte enriquecido con tantas y tan eminentes prerrogativas, y te suplico alcances a todos tus hijos aquel espíritu que te animaba, y a mí una intención tan recta, que hasta en las menores cosas busque puramente la gloria divina, a imitación tuya, y logre por este medio ser de tu compañía en la gloria. Amén.

29

SAN ISIDORO

Fecha: 4 de abril.
Patrono de los estudiantes, de la informática y del Internet. Doctor de la Iglesia.

Nació en Sevilla en 556. Era el menor de cuatro hermanos, todos santos y tres de ellos obispos. Su hermano mayor, san Leandro, que era obispo de Sevilla, se encargó de su educación hasta que Isidoro adquirió el hábito o costumbre de dedicar mucho tiempo a estudiar y leer. Al morir Leandro, Isidoro lo reemplazó como obispo de Sevilla, y duró 38 años ejerciendo aquel cargo con gran brillo y notables éxitos.

Isidoro fue el obispo más sabio de su tiempo en España. Poseía la mejor biblioteca de la nación. Escribió varios libros que se hicieron famosos y fueron muy leídos por varios siglos, como *Las etimologías*, que puede llamarse el Primer Diccionario que se hizo en Europa. También escribió *La historia de los visigodos* y biografías de hombres ilustres.

San Isidoro representa un puente entre la Edad Antigua y la Edad Media. Su influencia fue muy grande en toda Europa, especialmente en España, y su ejemplo llevó a muchos a dedicar sus tiempos libres al estudio y a las buenas lecturas.

Fue la figura principal en el Concilio de Toledo en 633, del cual salieron leyes importantísimas para toda la Iglesia de España y que contribuyeron a mantener firme la religiosidad en el país.

Su amor a los pobres era inmenso, y como sus limosnas eran generosas, su palacio se veía constantemente visitado por gente necesitada que llegaba a pedir y recibir ayudas.

Cuando sintió que iba a morir, pidió perdón públicamente por todas las faltas de su vida pasada y suplicó al pueblo que rogara a Dios por él. A los 80 años de edad murió, el 4 de abril del año 636.

Oración Dios Todopoderoso que diste una profunda sabiduría a tu obispo san Isidoro, te pedimos que, a ejemplo suyo, crezcamos en la sabiduría que viene de lo alto y anunciemos con ella tu reino a los hombres de nuestro tiempo con renovado fervor. Te lo pedimos, por Jesucristo, Nuestro Señor. Amén.

30

SAN ISIDRO LABRADOR

Fecha: 15 de mayo.
Patrono de los agricultores.

Sus padres eran unos campesinos sumamente pobres que ni siquiera pudieron enviar a su hijo a la escuela. Huérfano a la edad de diez años, Isidro se empleó como peón de campo, ayudando en la agricultura al dueño de una finca, cerca de Madrid. Allí pasó muchos años de su existencia labrando las tierras, cultivando y cosechando. Se casó con una sencilla campesina que también llegó a ser santa María de la Cabeza.

Isidro se levantaba muy de madrugada y nunca empezaba su día de trabajo sin haber asistido antes a la Santa Misa. Varios de sus compañeros muy envidiosos lo acusaron ante el patrón por ausentismo y abandono del trabajo. El señor de esas tierras se fue a observar el campo y notó que sí, era cierto que Isidro llegaba una hora más tarde que los otros; que mientras Isidro oía misa, un personaje invisible, quizá un ángel, cuidaba a sus bueyes que araban juiciosamente como si el propio campesino los estuviera dirigiendo.

Isidro fue inmigrante cuando los mahometanos se apoderaron de Madrid y sus alrededores. Lo que ganaba como jornalero, Isidro lo distribuía en tres partes: una para el templo, otra para los pobres y otra para él, su esposa y su hijo. Cuando volvió después a Madrid se alquiló como obrero en una finca y el dueño puso como tarea a cada obrero cultivar una parcela de tierra. La de Isidro produjo el doble que las de los demás, porque Nuestro Señor le recompensaba su piedad y su generosidad.

Un día lo invitaron a un gran almuerzo y se llevó a varios mendigos a que almorzaran también. El anfitrión le dijo disgustado que solamente le podía dar almuerzo a él y no a los demás. Isidro repartió su almuerzo entre los mendigos y alcanzó para todos y sobró.

Cuando sintió que se iba a morir, hizo humilde confesión de sus pecados; recomendó a sus familiares y amigos que tuvieran mucho amor a Dios y mucha caridad con el prójimo.

A los 43 años de haber sido sepultado en 1163 sacaron del sepulcro su cadáver y estaba incorrupto, como si estuviera recién muerto. Poco después el rey Felipe III se hallaba enfermo y los médicos dijeron que se moriría. Entonces sacaron los restos de san Isidro del templo a donde los habían llevado cuando los trasladaron del cementerio. Y tan pronto como los restos salieron del templo, al rey se le fue la fiebre y al llegar junto a él los restos del santo se le fue por completo la enfermedad.

Oración Dios Todopoderoso, que elevas a los humildes y confundes a los poderosos, te pedimos por intercesión de san Isidro Labrador nos concedas humildad para esperarlo todo de Ti y confiar siempre en tu Palabra, Tú que eres infinitamente misericordioso y vives y reinas por siglos de los siglos. Amén.

31

SAN IVO

Fecha: 19 de mayo.
Patrono de los juristas.

Abogado, nació en la provincia de Bretaña, en Francia. Su padre lo envió a estudiar a la Universidad de París, y allí obtuvo su doctorado como abogado.

En sus tiempos de estudiante oyó leer aquella célebre frase de Jesús: "Ciertos malos espíritus no se alejan sino con la oración y la mortificación" y se propuso desde entonces dedicar buen tiempo cada día a la oración y mortificarse lo más que le fuera posible en las miradas, en las comidas, en el lujo, en el vestir, y en descansos que no fueran muy necesarios. Empezó a abstenerse de comer carne y nunca tomaba bebidas alcohólicas. Vestía pobremente y lo que ahorraba con todo esto, lo dedicaba a ayudar a los pobres.

Al volver a Bretaña fue nombrado juez del tribunal y en el ejercicio de su cargo se dedicó a proteger a los huérfanos, a defender a los más pobres y a administrar la justicia con tal imparcialidad y bondad, que aun aquellos a quienes tenía que decretar castigos, lo seguían amando y estimando.

Su gran bondad le ganó el título de Abogado de los Pobres. No contento con ayudar a los que vivían en su región, se trasladaba a otras provincias a defender a los que no tenían con qué pagar un abogado, y a menudo pagaba los gastos que los pobres tenían que hacer para poder defender sus derechos.

Visitaba las cárceles y llevaba regalos a los presos y les hacía gratuitamente memoriales de defensa a los que no podían conseguir un abogado. En aquel tiempo los que querían ganar un pleito les llevaban costosos regalos a los jueces. San Ivo no aceptó jamás ni el más pequeño regalo de ninguno de sus clientes, porque no quería dejarse comprar ni inclinarse con parcialidad hacia ninguno.

Después de trabajar bastante tiempo como juez, san Ivo fue ordenado sacerdote, y los últimos quince años de su vida los dedicó totalmente a la predicación y a la administración de los sacramentos. Consiguió dinero de donaciones y construyó un hospital para enfermos pobres. Una noche se dio cuenta de que un pobre estaba durmiendo en el andén de la casa cural, cuando se levantó, le dio su propia cama y él durmió en el suelo.

Alguien le aconsejó que no regalara todo lo que recibía. Que hiciera ahorros para cuando llegara a ser viejo y él le respondió: "Y ¿quién me asegura que voy a llegar a ser viejo? En cambio lo que sí es totalmente seguro es que el buen Dios me devolverá cien veces más lo que yo regale a los pobres". Y siguió repartiendo con gran generosidad.

A principios de mayo de 1303 estaba tan débil que no podía mantenerse de pie y necesitaba que lo sostuvieran. Sin embargo celebró así la Santa Misa. Después de la Misa se recostó y pidió que le administraran la Unción de los enfermos y después murió a la edad de 50 años.

Oración San Ivo, que mientras viviste entre nosotros fuiste el abogado de los pobres, el defensor de las viudas y de los huérfanos, la Providencia de todos los necesitados. ¡Escucha hoy nuestra Oración! Alcánzanos amar la justicia como tú la amaste, haz que sepamos defender nuestros derechos sin causar perjuicio a los demás, buscando ante todo la reconciliación y la paz. Suscita defensores que aboguen la causa del oprimido para que la justicia se realice en el amor. Danos un corazón de pobre, capaz de resistir a la atracción de las riquezas, capaz de compadecerse de la miseria de los otros y de compartir. Tú, el modelo de sacerdotes, que recorrías tu país conmoviendo a las muchedumbres por el fuego de tu palabra y el resplandor de tu vida, obtén para nuestra patria los sacerdotes que necesita ¡San Ivo, ruega por nosotros! Ruega por aquellos que nosotros queremos y ruega por aquellos que nos cuesta querer. Amén.

SAN JERÓNIMO

Fecha: 30 de septiembre.
Patrono de los bibliotecarios.

Nació San Jerónimo en Dalmacia, Yugoslavia, en 342. Sus padres tenían buena posición económica, así que pudieron enviarlo a estudiar a Roma.

En Roma estudió latín bajo la dirección del más famoso profesor de su tiempo, Donato, el cual hablaba el latín a la perfección, pero era pagano. Esta instrucción recibida de un hombre muy instruido pero no creyente, llevó a Jerónimo a ser un gran latinista y muy buen conocedor del griego y de otros idiomas, pero muy poco conocedor de los libros espirituales y religiosos. Pasó horas y días leyendo y aprendiendo de memoria a los grandes autores latinos, Cicerón, Virgilio, Horacio y Tácito, y a los autores griegos: Homero, y Platón.

En una carta que escribió a santa Eustoquia, san Jerónimo le cuenta el diálogo aterrador que sostuvo en un sueño o visión. Nuestro Señor le preguntaba: ¿A qué religión pertenece? Jerónimo le respondió que era cristiano-católico. Jesús le dijo que eso no era verdad. Entonces Jesús pedía que borraran el nombre de Jerónimo de la lista de los cristianos católicos porque no era sino pagano, pues sus lecturas son todas paganas.

Jerónimo se despertó llorando, y en adelante su tiempo sería siempre para leer y meditar libros sagrados. Dispuso irse al desierto a hacer penitencia por sus pecados, especialmente por su sensualidad tan fuerte, por su terrible mal genio y su gran orgullo. Y aunque rezaba mucho, ayunaba y pasaba noches sin dormir, no consiguió la paz. Se dio cuenta de que su temperamento no era para vivir en la soledad de un desierto deshabitado, sin tratar con nadie. En una carta cuenta cómo fueron las tentaciones que sufrió en el desierto.

Cuando volvió a la ciudad, el papa san Dámaso, que era poeta y literato, lo nombró entonces su secretario, encargado de redactar las cartas que el Pontífice enviaba, y algo más tarde le encomendó un oficio importantísimo: hacer la traducción de la Biblia.

A los casi 40 años Jerónimo fue ordenado sacerdote. Sus altos cargos en Roma y la dureza con la cual corregía ciertos defectos de la alta clase social, le trajeron envidias y rencores. El papa Sixto V, cuando vio un cuadro donde san Jerónimo se da golpes de pecho con una piedra, exclamó: "¡Menos mal que te golpeaste duramente y bien arrepentido, porque si no hubiera sido por esos golpes y por ese arrepentimiento, la Iglesia nunca te habría declarado santo, porque eras muy duro en tu modo de corregir!"

Sus últimos 35 años los pasó en una gruta, junto a la cueva de Belén. Varias de las ricas matronas romanas que él había convertido con sus predicaciones y consejos, vendieron sus bienes y se fueron también a Belén a seguir bajo su dirección espiritual.

Dedicando muchas horas a la oración y días y semanas y años al estudio de la Biblia, Jerónimo redactó escritos llenos de sabiduría; con tremenda energía escribía contra los herejes que negaban la religión.

El 30 de septiembre del año 420, cuando ya su cuerpo estaba debilitado por tantos trabajos y penitencias, y la vista y la voz agotadas, y cuando Jerónimo parecía más una sombra que un ser viviente, entregó su alma a Dios para recibir el premio de sus fatigas, a los 80 años.

Oración Oh, San Jerónimo, celantísimo del bien de todos los huérfanos, por ese amor que os unió a ellos en esta tierra y que por ellos os consumió, os suplicamos que continuéis guardándolos siempre con ternura desde el cielo. Rogad del Padre de las misericordias, para todos los educadores y padres, el mismo espíritu de prudencia, caridad y constancia que os concedió. Haced que todos los jóvenes tengan un corazón afectuoso, dócil y obediente. Así serán fortalecidos en el santo temor de Dios, única fuente de felicidad eterna y temporal; descubrirán las insidias que les tienden, y vencerán los peligros que les amenazan; y después de haber edificado la patria terrenal con el ejemplo de sus costumbres, pasarán felizmente a gozar de la gloria celestial. Así sea.

33

SAN JORGE

Fecha: 23 de abril.
Patrono de Inglaterra. De los *scouts*. En Catalunya, de los enamorados y campesinos. Se le invoca al bendecir una casa nueva.

Nacido en Lydda, Palestina, la tierra de Jesús, era hijo de un agricultor muy estimado. Entró al ejército y llegó a ser capitán. Se hizo famoso porque al llegar a una ciudad de Oriente se encontró con que un terrible caimán (dragón o tiburón) devoraba a mucha gente y nadie se atrevía a acercársele. San Jorge lo atacó y acabó con tan feroz animal. Y reuniendo a todos los vecinos que estaban llenos de admiración y de emoción, les habló muy hermosamente de Jesucristo y logró que muchos de ellos se hicieran cristianos.

El emperador Diocleciano declaró que todos tenían que adorar ídolos o dioses falsos y prohibió adorar a Jesucristo; el capitán Jorge declaró que él nunca dejaría de adorar a Cristo y que jamás adoraría ídolos; el emperador declaró pena de muerte contra él. Lo llevaron al templo de los ídolos para ver si los adoraba, pero en su presencia varias de esas estatuas cayeron derribadas al suelo y se despedazaron. A Jorge lo martirizaron y mientras lo azotaban, él se acordaba de los azotes que le dieron a Jesús, y no abría la boca, y sufría todo por el Señor sin gritar ni llorar. Al oír la noticia de que ya le iban a cortar la cabeza se puso muy contento, porque él tenía muchos deseos de ir al cielo a estar junto a Nuestro Señor Jesucristo.

En tiempos de Las Cruzadas, el rey Ricardo Corazón de León se convenció en Tierra Santa de que san Jorge tenía un gran poder de intercesión en favor de los que lo invocaban y llevó su devoción a Europa, especialmente a Inglaterra.

Oración San Jorge, queremos recordarte como te recuerda la antigua tradición. Tú abandonaste los éxitos militares y distribuiste tus bienes entre los pobres. Tú abandonaste a los dioses poderosos del Imperio para seguir al Mesías crucificado. Tú abandonaste la seguridad de tu linaje para unirte a la comunidad de los cristianos. Tú diste la vida por amor al Evangelio. San Jorge, mártir, compañero fiel de Jesús. Nos gusta recordarte en la luz de la primavera y de la

Pascua; nos gusta recordarte potente en el combate contra todo dolor y toda esclavitud.

San Jorge, mártir, compañero fiel de Jesús. Ayúdanos a enamorarnos del Evangelio, ayúdanos a vivir esa fe que tú tan intensamente viviste, ayúdanos a hacer posible que todo el mundo pueda sentir la felicidad de la primavera.

34

SAN JOSÉ

Fecha: 19 de marzo.
Patrono de los trabajadores y de la buena muerte.

San Mateo nos dice que san José era descendiente de la familia de David. Su más grande honor es que Dios le confió sus dos más preciosos tesoros: Jesús y María.

La santa que más propagó su devoción por san José fue santa Teresa, quien fue curada por él de una terrible enfermedad que la tenía casi paralizada, enfermedad que ya era considerada incurable; le rezó con fe a san José y obtuvo de manera maravillosa su curación. En adelante ya no dejó de recomendar a la gente que se encomendaran a él.

San Mateo narra que san José se había comprometido en ceremonia pública a casarse con la Virgen María, pero que al darse cuenta de que Ella estaba esperando un hijo sin haber vivido juntos los dos, y sin entender aquel misterio, en vez de denunciarla como infiel, dispuso abandonarla en secreto e irse a otro pueblo a vivir. Y dice el evangelio que su determinación de no denunciarla se debió a que José era un hombre justo, un verdadero santo.

Nuestro santo tuvo unos sueños muy impresionantes, en los cuales recibió importantísimos mensajes del cielo. En su primer sueño, en Nazaret, un ángel le contó que el hijo que iba a tener María era obra del Espíritu Santo y que podía casarse tranquilamente con Ella, que era totalmente fiel, y José celebró sus bodas. La leyenda cuenta que doce jóvenes pretendían casarse con María, y que cada uno llevaba en su mano un bastón de madera muy seca. En el momento en que María debía escoger entre los doce, el bastón que José llevaba milagrosamente floreció. Por eso pintan a este santo con un bastón florecido en su mano.

En su segundo sueño en Belén, un ángel le comunicó que Herodes buscaba al niño Jesús para matarlo, y que debía salir huyendo a Egipto. José se levantó a medianoche y con María y el Niño se fue hacia Egipto. En su tercer sueño en Egipto, el ángel le comunicó que ya había muerto Herodes y que podían volver a Israel. Entonces José, su esposa y el Niño volvieron a Nazaret.

La Iglesia Católica venera mucho los cinco grandes dolores o penas que tuvo este santo, pero a cada dolor o sufrimiento le corresponde una inmensa alegría que Nuestro Señor le envió.

Una muy antigua tradición dice que el 19 de marzo sucedió su muerte y el paso de su alma de la tierra al cielo.

Oración ¡Glorioso Patriarca san José!, animado de una gran confianza en vuestro gran valimiento, a vos acudo para que seáis mi protector durante los días de mi destierro en este valle de lágrimas. Vuestra altísima dignidad de Padre putativo de mi amante Jesús hace que nada se os niegue de cuanto pidáis en el cielo. Sed mi abogado, especialísimamente en la hora de mi muerte, y alcanzadme la gracia de que mi alma, cuando se desprenda de la carne, vaya a descansar en las manos del Señor. Amén.

Jaculatoria. Bondadoso san José, esposo de María, protegednos; defended a la Iglesia y al Sumo Pontífice y amparad a mis parientes, amigos y bienhechores.

35

SAN JUAN BAUTISTA

Fecha: 24 de junio.
Patrono de los pajareros, cuchilleros; del bautismo. Contra la epilepsia, convulsiones y espasmos. Caballeros Hospitalarios, Caballeros de Malta, corderos, vida monacal, impresores y sastres.

Precursor del Mesías. El sobrenombre de Bautista le proviene de su ministerio. Nacido, según algunos, en Judea; según otros, en Hebrón. Sus padres fueron Zacarías y Elizabeth, prima de la santísima Virgen.

Juan Bautista anuncia a Cristo no sólo con palabras, como los otros profetas, sino especialmente con una vida análoga a la del Salvador. Nace seis meses antes que Él; su nacimiento es vaticinado y notificado por el arcángel Gabriel, como el suyo, y causa en las montañas de Judea una conmoción y regocijo semejantes a los que debían tener lugar poco después en las cercanías de Belén.

El nacimiento de san Juan Bautista es un prodigio. En vida oculta y escondida consume los treinta primeros años de su existencia; nadie sabe de él, ni de él nos hablan los evangelistas, como tampoco nos hablan de Jesús en aquel mismo periodo, en que quedan ambos como eclipsados.

Él habla con libertad a los pobres y a los poderosos. Hay quien le cree el Mesías. Hay quien escucha su voz como la Buena Nueva prometida, cuando en realidad no es más que su prólogo. Bien claro Juan lo afirma: «Está para venir otro más poderoso que yo, al cual yo no soy digno de desatar la correa de su calzado».

Pronto se extendió el renombre de su virtud, y con ello la veneración del pueblo hacia él; los judíos acuden para ser bautizados, enfervorizados por sus palabras. Cuando Jesús se acerca al Jordán para ser bautizado por él, Juan no se atreve a hacerlo pero Jesús insiste, y le bautiza entonces.

Encarcelado por Herodes Antipas por haberse atrevido a reprimir y censurar su conducta y vida escandalosa, le llega la noticia de que Jesús ha empezado su ministerio público. Jesús, por su parte, en su predicación, asegura a los judíos que entre todos los hombres de la tierra no hay un profeta más grande que Juan.

Con motivo de una fiesta en celebración del nacimiento de Herodes, cuando el vino y los manjares y las danzas exaltaban a todos, Salomé, hija de Herodías, esposa ilegítima del rey, bailó ante Herodes. Entusiasmado éste, prometió darle cuanto pidiera, aunque fuese la mitad de su reino. Instigada por su madre, pidió Salomé la cabeza del Bautista. Herodes, no osando faltar a su palabra empeñada ante todos, ordenó fuese traída la cabeza de Juan, la cual en una bandeja fue presentada, efectivamente, a Herodías por su hija. Sus discípulos recogieron el cuerpo del Bautista y le dieron sepultura.

Oración Gloriosísimo san Juan Bautista, por el amor ardiente que tuviste al Niño Jesús y por la santísima dulzura que infundió en tu corazón con sus halagos; por aquellos privilegios que te concedió para hacer tantos milagros a favor de tus devotos, te suplico te dignes favorecerme en todas mis necesidades con tu eficaz patrocinio y en particular te ruego me alcances la gracia que te pido en este día.

Oh, glorioso san Juan Bautista, muévete a piedad de esta alma acongojada, que en ti puso sus esperanzas; líbrala, te ruego, de sus miserias. ¡Oh, santo de los milagros!, alivia la congoja de mi corazón, y haz que yo viva aquí como verdadero amante de mi Jesús para poder gozar de Él en el Cielo. Amén.

36

SAN JUAN BOSCO

Fecha: 31 de enero.
Patrono del cine, magos e ilusionistas; escuelas de artesanos, imprenta y de los jóvenes.

Era natural de la aldea de los Becchi, a 25 kilómetros de Turín, Italia. Su madre, Margarita, educó a sus hijos en la pobreza y fortaleza del más alto nivel. Cuando era jovencito, Juan iba con su madre al mercado a vender los productos del campo. Los domingos atrae a la gente junto a su casa, en un predio donde crecían dos perales. Allí hace de saltimbanqui y prestidigitador hasta que estudia en una escuela pública. Luego entra a estudiar en el liceo de Chieri y trabaja en toda clase de oficios.

Por fin, a sus 26 años celebra la primera misa en Turín. Lo primero que hace es recoger niños de la calle. Le siguen como si fuera un titiritero. Para eso funda los Oratorios de San Francisco de Sales. Más tarde, para atender a esa gente pequeña, funda la Congregación de los Padres Salesianos, que se extiende pronto por toda Italia, Francia y España. Se hace periodista, predica, confiesa, escribe y propaga la devoción a María Auxiliadora, publica libros de ciencia y religión.

En la Italia del siglo pasado, uno de los divertimentos más esperados de los pobres era el que traían los titiriteros. Hubo cierta compañía que, a sabiendas, representaba sus obras a la hora de la misa y, los niños, se saltaban la misa. Juan Bosco se las arregló para aprender trucos de prestidigitación, malabarismos y otras habilidades por el estilo. Para eso, observó mucho, entrenó más y se ejercitó con los amigos. Más tarde llegó a desafiar a los titiriteros y malabaristas, les ganó las apuestas y se tuvieron que ir de allí humillados.

Se inventó el sistema de "educar jugando y aprender gozando". Su espíritu de saltimbanqui le daba agilidad al cuerpo y ponía alas a su vocación de educador.

Oración Oh Padre y maestro de la juventud, san Juan Bosco, que tanto trabajastéis por la salvación de las almas, sed nuestra guía en buscar el bien de la nuestra y la salvación del prójimo, ayudadnos a vencer las pasiones y el respeto humano, enséñanos a amar a Jesús Sacramentado, a María Santísima Auxiliadora y al Papa, y obtenednos de Dios una santa muerte, para que podamos un día hallarnos juntos en el Cielo. Así sea.

37

SAN JUAN DE DIOS

Fecha: 8 de marzo.
Patrono de los alcohólicos, enfermos, encuadernadores, libreros, agonizantes, bomberos, enfermos de corazón, hospitales, personal hospitalario, enfermeras, impresores, editores.

Nació en Portugal en 1495 y murió en Granada, España, en 1550 a los 55 años de edad, el mismo día: 8 de marzo. De familia pobre, su madre murió cuando él era todavía joven. Su padre murió como religioso en un convento.

En su juventud fue pastor, muy apreciado por el dueño de la finca donde trabajaba. Le propusieron que se casara con la hija del patrón y así quedaría como heredero de aquellas posesiones, pero él dispuso permanecer libre de compromisos económicos y caseros pues deseaba dedicarse a labores más espirituales. Fue soldado bajo las órdenes del genio de la guerra, Carlos V, en batallas muy famosas. La vida militar lo hizo fuerte, resistente y sufrido y la Virgen lo salvó de ser ahorcado, pues una vez lo pusieron en la guerra a cuidar un gran depósito y por no haber estado lo suficientemente alerta, los enemigos se llevaron todo. Su coronel dispuso mandarlo ahorcar, pero Juan se encomendó con toda fe a la Madre de Dios y logró que le perdonaran la vida. Cuando salió del ejército, quiso hacer un poco de apostolado y se dedicó a hacer de vendedor ambulante de estampas y libros religiosos.

Cuando iba llegando a la ciudad de Granada vio a un niñito muy pobre y muy necesitado y se ofreció bondadosamente a ayudarlo. Aquel niño era la representación de Jesús Niño, que le dijo: "Granada será tu cruz", y desapareció.

Se confesó con san Juan de Ávila y se propuso una penitencia muy especial: hacerse el loco para que la gente lo humillara y lo hiciera sufrir muchísimo.

Repartió entre los pobres todo lo que tenía en su pequeña librería, empezó a deambular por las calles de la ciudad pidiendo misericordia a Dios por todos sus pecados. La gente lo creyó loco y empezaron a atacarlo a pedradas y golpes. Lo llevaron al manicomio y los encargados le dieron fuertes palizas pero notaban que Juan no se disgustaba por los azotes que le daban, sino que lo ofrecía todo a Dios. La estadía de Juan en ese manicomio fue verdaderamente providencial, porque se dio cuenta del gran error que es pretender curar las enfermedades mentales con métodos de tortura.

Juan alquiló una casa vieja y recibía a cualquier enfermo, mendigo, loco, anciano, huérfano y desamparado que le pedía ayuda. Durante todo el día atendía a cada uno con el más exquisito cariño, haciendo de enfermero, cocinero, barrendero, mandadero, padre, amigo y hermano de todos. Por la noche se va por la calle pidiendo limosnas para sus pobres.

Después de tantísimos trabajos, ayunos y trasnochadas por hacer el bien y por ayudar a sus enfermos, la salud de Juan de Dios se debilitó totalmente. La artritis le tenía sus piernas retorcidas y le causaba dolores indecibles. Entonces una venerable señora de la ciudad obtuvo del señor obispo autorización para llevarlo a su casa y cuidarlo un poco.

Al llegar a la casa de la rica señora, exclamó Juan: "Oh, estas comodidades son demasiado lujo para mí que soy tan miserable pecador".

El 8 de marzo de 1550, sintiendo que le llegaba la muerte, se arrodilló en el suelo y exclamó: "Jesús, Jesús, en tus manos me encomiendo", y quedó muerto, así de rodillas.

Oración Señor Dios nuestro, que concediste al bienaventurado Juan la virtud de andar sin lesión en medio de las llamas, concédenos por sus méritos el fuego de la caridad para enmendar nuestros vicios y alcanzar los eternos remedios. Por Jesucristo, Nuestro Señor. Amén.

38

SAN JUAN DIEGO

Fecha: 9 de diciembre.
Patrono de los indígenas.

Se llamaba Cuauhtlatoatzin, que en su lengua materna significaba Águila que habla, o El que habla con un águila.

Ya adulto y padre de familia, atraído por la doctrina de los padres franciscanos llegados a México en 1524, recibió el bautismo junto con su esposa María Lucía. Celebrado el matrimonio cristiano, vivió castamente hasta la muerte de su esposa, fallecida en 1529. Hombre de fe, fue coherente con sus obligaciones bautismales, nutriendo regularmente su unión con Dios mediante la eucaristía y el estudio del catecismo.

Mientras se dirigía a pie a Tlatelolco, en un lugar denominado Tepeyac, tuvo una aparición de María Santísima, que se le presentó como Madre del verdadero Dios. La Virgen le encargó que en su nombre pidiese al obispo capitalino, el franciscano Juan de Zumárraga, la construcción de una iglesia en el lugar de la aparición. Y como el obispo no aceptaba la idea, la Virgen le pidió que insistiera. Al día siguiente Juan Diego volvió a encontrar al prelado, quien lo examinó en la doctrina cristiana y le pidió pruebas objetivas en confirmación del prodigio.

El 12 de diciembre, mientras el beato se dirigía de nuevo a la ciudad, la Virgen se le volvió a presentar y le consoló, invitándole a subir hasta la cima de la colina de Tepeyac para recoger flores y traérselas a ella. No obstante la fría estación invernal y la aridez del lugar, Juan Diego encontró unas flores muy hermosas. Una vez recogidas las colocó en su ayate y se las llevó a la Virgen, que le mandó presentarlas al señor obispo como prueba de veracidad. Una vez ante el obispo el beato abrió su ayate y dejó caer las flores, mientras en el tejido apareció, inexplicablemente impresa, la imagen de la Virgen de Guadalupe, que desde aquel momento se convirtió en el corazón espiritual de la Iglesia en México.

Juan Diego movido por una tierna y profunda devoción a la Madre de Dios pasó a vivir en una pobre casa junto al templo de la Señora del Cielo. Su preocupación era la limpieza de la capilla y la acogida de los peregrinos que visitaban el pequeño oratorio.

Juan Pablo II proclamó públicamente la santidad de Juan Diego en una solemne misa de canonización en la Basílica de la Virgen de la Guadalupe en México el 31 de julio de 2002. Su fiesta la fijó él mismo el 9 de diciembre, porque ése "fue el día en que vio el Paraíso". Juan Diego murió en 1548.

Oración ¡Dichoso Juan Diego, hombre fiel y verdadero! Te encomendamos a nuestros hermanos y hermanas laicos, para que, sintiéndose llamados a la santidad, impregnen todos los ámbitos de la vida social con el espíritu evangélico. Bendice a las familias, fortalece a los esposos en su matrimonio, apoya los desvelos de los padres por educar cristianamente a sus hijos.

Mira propicio el dolor de los que sufren en su cuerpo o en su espíritu, de cuantos padecen pobreza, soledad, marginación o ignorancia. Que todos, gobernantes y súbditos, actúen siempre según las exigencias de la justicia y el respeto de la dignidad de cada hombre, para que así se consolide la paz.

¡Amado Juan Diego, el águila que habla! Enséñanos el camino que lleva a la Virgen Morena del Tepeyac, para que Ella nos reciba en lo íntimo de su corazón, pues Ella es la Madre amorosa y compasiva que nos guía hasta el verdadero Dios. Amén.

39

SAN JUAN NEPOMUCENO

Fecha: 16 de mayo.
Patrono de Bohemia, protector contra las calumnias e inundaciones.

Nació en Bohemia, Checoslovaquia, hacia 1250, en un pueblo llamado Nopomuc y de ahí Nepomuceno.

Fue párroco de Praga y obtuvo el doctorado en la Universidad de Padua. Después ocupó el alto puesto de vicario general del arzobispado, lo cual significa que era un hombre de total confianza para el prelado.

El rey de Praga, Wenceslao, se dejaba llevar por dos terribles pasiones: la cólera y los celos, y dicen las antiguas crónicas que cuando Juan Nepomuceno era confesor de la reina, se le ocurrió al rey que el santo le debía contar los pecados que la reina le había dicho en confesión, y al no conseguir que le revelara estos secretos se propuso mandarlo asesinar. Luego el rey tuvo otro gran disgusto, que consistió en que se proponía apoderarse de un convento para darle sus riquezas a un familiar, y el vicario Juan Nepomuceno se le opuso rotundamente, porque esos bienes eran de la Santa Iglesia. Entonces el rey mandó que al padre Juan lo ataran doblado, con la cabeza pegada sobre los pies, y que lo lanzaran al río Moldava. Los vecinos recogieron el cadáver y le dieron santa sepultura.

En 1725, más de 300 años después de su muerte, una comisión de sacerdotes, médicos y especialistas examinó la lengua del mártir que estaba incorrupta, seca y gris. Y en presencia de todos empezó a esponjarse y apareció de color de carne fresca, como si se tratara de la lengua de una persona viva. Todos se pusieron de rodillas y este milagro, presenciado por tantas personas y tan importantes, fue el cuarto milagro para declararlo santo.

Oración Oh Dios, que por el invencible silencio sacramental del bienaventurado Juan Nepomuceno adornaste tu iglesia con una nueva corona del martirio; concédenos, por su intercesión y ejemplo, que morderemos nuestra lengua y suframos todos los males de este mundo, antes que el detrimento de nuestras almas. Por Jesucristo Nuestro Señor Amén.

40

SAN JUDAS TADEO

Fecha: 28 de octubre.
Patrono de trabajadores en hospitales, situaciones desesperadas o imposibles y causas perdidas.

Santa Brígida cuenta en sus Revelaciones que Nuestro Señor le recomendó que cuando deseara conseguir ciertos favores, los pidiera por medio de san Judas Tadeo.

A san Simón y san Judas Tadeo se les celebra la fiesta en un mismo día porque según una antigua tradición, los dos iban siempre juntos a predicar la Palabra de Dios. Ambos fueron llamados por Jesús para formar parte del grupo de sus doce apóstoles. Ambos recibieron el Espíritu Santo en forma de lenguas de fuego el día de Pentecostés y presenciaron los milagros de Jesús en Galilea y Judea y oyeron sus sermones; le vieron ya resucitado y hablaron con Él después de su santa muerte en la Cruz.

San Judas Tadeo escribió una de las Cartas del Nuevo Testamento. En la misma, ataca a los gnósticos y dice que los tienen fe pero no hacen buenas obras son como nubes que no tienen agua, árboles sin fruto, y olas con sólo espumas, y que los que se dedican a los pecados de impureza y a hacer actos contrarios a la naturaleza, sufrirán la pena del fuego eterno.

La antigua tradición cuenta que a san Simón lo mataron aserrándolo por medio y, a san Judas Tadeo, cortándole la cabeza de un hachazo. A san Judas le pintan muchas veces con un hacha en la mano y se le llama Tadeo para diferenciarlo de Judas Iscariote, que fue el que entregó a Jesús.

Oración Glorioso Apóstol de Jesús, san Judas glorioso apóstol de Jesús, san Judas Tadeo, mi poderoso Protector y abogado, heme aquí postrado a vuestros pies para exponeros mis necesidades espirituales y temporales.

Dignaos arrojar vuestra mirada de bondad sobre mi atribulado corazón y experimente mi alma los sentimientos de vuestra ternura y misericordia, y favorecido por las gracias que prodigáis a vuestros devotos en las horas de dolor, obtenga de vuestra piedad, ayuda y protección en la presente necesidad…

Deposito toda mi confianza en vuestro poder. Consoladme y libradme de tantas penas como sufro. Haced que me resigne siempre a la voluntad de Dios; no me queje nunca de la tribulación y corresponda con más fidelidad al amor de mi dulcísimo Jesús. Amén.

41

SAN JULIÁN

Fecha: 9 de enero.
Patrono de remeros, barqueros, peregrinos y hoteleros.

Nació san Julián en la ciudad de Antioquia, Siria, en una familia preocupada por darle una muy buena formación religiosa. Sus padres querían que se casara con una joven muy virtuosa y de familia muy rica, pero Julián tuvo una visión en la cual vio algunos de los premios que Dios reserva para quienes conservan su virginidad y narró su visión a la novia. Y entonces los dos, de común acuerdo, hicieron voto de castidad. Tiempo después murieron los padres de los dos jóvenes, y Julián y su prometida se fueron cada uno a un desierto a orar, y a hacer penitencia y cada cual fundó un monasterio. Julián un monasterio para hombres y ella uno para mujeres.

Su vida fue una continua cuaresma, o sea, ayunar y guardar abstinencia y orar y meditar todos los días. A los súbditos nunca los reprendía con altanería ni con malos modos o delante de los demás, sino en privado, con frases amables, comprensivas y animadoras, que les demostraban el gran aprecio y amor que les tenía, y que llegaban al fondo del alma y obtenían verdaderas conversiones. Los religiosos decían que Julián era muy exigente y duro para sí mismo, pero admirablemente comprensivo y amable para con los demás, y que gobernaba con tal prudencia y caridad a los monjes que éstos se sentían en aquel desierto más felices que si estuvieran en el más cómodo convento de la ciudad.

En Antioquia comenzó la persecución contra los cristianos, y el gobernador Marciano ordenó apresar a Julián y a todos sus monjes. Centenares de cristianos fueron quemados por proclamar su amor a Jesucristo por sobre todas las cosas, un perseguidor le ofreció grandes premios a cambio de abandonar a Dios, pero tuvo suficientes argumentos para no abandonarlo. Entonces el perseguidor azotó a Julián con terribles latigazos, con fuetes con pedacitos de hierro en los extremos. Cuando uno de los verdugos retiró rápidamente el fuete, se hirió gravemente en un ojo por la punta de hierro del látigo. Julián oye el grito de dolor y llama al verdugo. Julián le coloca sus manos sobre el ojo destrozado y lo cura.

Oración Rogámoste, Señor, que la intercesión de los bienaventurados Julián y Basilisa, nos recomiende a tu divina Majestad, para conseguir por su protección lo que no podemos alcanzar por nuestros méritos. Por Jesucristo Nuestro Señor. Amén.

SAN JUSTINO

Fecha: 1 de junio.
Patrono de los filósofos, apologistas.

No fue sacerdote, simplemente un laico, y fue el primer apologista cristiano. El mismo Justino cuenta que él era un samaritano, pues nació en la antigua ciudad de Siquem, capital de Samaria, ciudad que en su tiempo se llamaba Naplus. Sus padres eran paganos, de origen griego, y le dieron una excelente educación, instruyéndolo lo mejor posible en filosofía, literatura e historia.

Durante algún tiempo se dedicó a estudiar la ciencia que enseñaban los que seguían la corriente llamada "estoicismo", pero luego dejó esa filosofía porque se dio cuenta de que no le enseñaban nada seguro acerca de Dios.

Un día que paseaba junto al mar, meditando acerca de Dios, vio que se le acercaba un venerable anciano que le dijo: Si quiere saber mucho acerca de Dios, le recomiendo estudiar la religión cristiana, porque es la única que habla de Dios debidamente y de manera que el alma queda plenamente satisfecha. Justino se dedicó a leer la Biblia y allí encontró maravillosas enseñanzas que antes no había logrado encontrar en ningún otro libro.

Los paganos conocían poco del cristianismo porque casi no había escritos que defendieran la religión. Justino se convenció de que muchos paganos llegarían a ser cristianos si leyeran un libro donde se les comprobara filosóficamente que el cristianismo es la religión más santa de la tierra. Ataviado con las vestimentas características de los filósofos, Justino recorrió varios países y muchas ciudades, discutiendo con los paganos, con los herejes y los judíos, tratando de convencerlos de que el cristianismo es la mejor de todas las religiones.

En Roma tuvo una gran discusión con Crescencio, un filósofo cínico, y logró demostrarle que las enseñanzas de los que no respetan las leyes morales son de mala fe y revelan ignorancia en lo religioso. Crescencio, lleno de odio al sentirse derrotado por los argumentos de Justino, dispuso acusarlo de cristiano ante el alcalde de la ciudad. Había una ley que prohibía declararse públicamente como seguidor de Cristo; además, en el gobierno había ciertos descontentos porque Justino había dirigido sus Apologías al emperador Antonino Pío y a su hijo Marco Aurelio, exigiéndoles que si en verdad querían ser piadosos y justos tenían que respetar a la religión cristiana. También describe cómo es el bautismo y cómo se celebra la Eucaristía.

Oración Oh, Dios, que por la simplicidad de la Cruz enseñaste maravillosamente, al bienaventurado Justino la eminente sabiduría de Jesucristo, concédenos por su intercesión que rechazando las engañosas razones de las perversas doctrinas, alcancemos la firmeza de la fe. Por Jesucristo Nuestro Señor.

43

SAN LORENZO

Fecha: 10 de agosto.
Patrono de los cocineros, curtidores, mineros, diáconos, comediantes, bibliotecarios y estudiantes.

Los datos acerca de este santo los narraron san Ambrosio, san Agustín y el poeta Prudencio. Lorenzo era uno de los siete diáconos de Roma. Su oficio era de gran responsabilidad, pues estaba encargado de distribuir las ayudas a los pobres.

El Papa san Sixto estaba celebrando la santa misa en un cementerio de Roma cuando fue asesinado junto con cuatro de sus diáconos por la policía del emperador. Cuatro días después fue martirizado su diácono san Lorenzo. La antigua tradición dice que cuando Lorenzo vio que iban a matar al Sumo Pontífice, le dijo: "Padre mío, ¿te vas sin llevarte a tu diácono?" y san Sixto le respondió: "Hijo mío, dentro de pocos días me seguirás". Lorenzo al ver el peligro recogió todos los dineros y demás bienes que la Iglesia tenía en Roma y los repartió entre los pobres; y vendió los cálices de oro, copones, candeleros valiosos y el dinero lo dio a la gente más necesitada.

El alcalde de Roma, que era un pagano muy amigo de conseguir dinero, llamó a Lorenzo para que le llevara todos los tesoros de la Iglesia, pues el emperador necesitaba dinero para una guerra. Lorenzo le pidió que le diera tres días de plazo para reunir todos los tesoros de la Iglesia, y en esos días fue invitando a todos los pobres, lisiados, mendigos, huérfanos, viudas, ancianos, mutilados, ciegos y leprosos que él ayudaba con sus limosnas. Y al tercer día los hizo formar en filas, y mandó llamar al alcalde diciéndole: "Ya tengo reunidos todos los tesoros de la iglesia. Le aseguro que son más valiosos que los que posee el emperador".

El alcalde al ver semejante colección de miseria y enfermedad se disgustó enormemente, y lleno de rabia lo mandó matar. El alcalde le prometió que moriría poco a poco para que padeciera todo lo que nunca se había imaginado. Entonces encendieron una parrilla de hierro y ahí acostaron a Lorenzo. San Agustín dice que por el gran deseo que el mártir tenía de ir junto a Cristo, no le importaban los dolores de esa tortura y los cristianos vieron el rostro del mártir rodeado de un esplendor hermosísismo y sintieron un aroma muy agradable mientras lo quemaban.

Después de un rato de estarse quemando en la parrilla ardiendo el mártir dijo: "Ya estoy asado por un lado. Ahora que me vuelvan hacia el otro lado para quedar asado por completo". El verdugo mandó que lo voltearan y así se quemó por completo. Cuando sintió que ya estaba completamente asado exclamó: "La carne ya está lista, pueden comer". Y con una tranquilidad que nadie había imaginado rezó por la conversión de Roma y la difusión de la religión de Cristo en todo el mundo, y exhaló su último suspiro en 258.

Oración *Señor*, que fortaleciste al diácono san Lorenzo para que resistiera los tormentos y diera testimonio de Ti, te pedimos por su intercesión nos concedas proclamar Tu Nombre con firmeza y valentía y así seamos dignos de entrar en tu morada eterna. Por Jesucristo Nuestro Señor. Amén.

44

SAN LUCAS

Fecha: 18 de octubre.
Patrono de los pintores, doctores, cirujanos, solteros, carniceros, encuadernadores, cerveceros y notarios.

San Pablo lo llama *Lucas, el médico muy amado*. Era compañero de viajes de san Pablo. En los Hechos de los apóstoles, al narrar los grandes viajes del Apóstol, habla en plural diciendo "fuimos a… navegamos a…", y va narrando con todo detalle los sucesos tan impresionantes que le sucedieron a san Pablo en sus cuatro famosos viajes. Lucas acompañó a san Pablo cuando éste estuvo prisionero, primero dos años en Cesarea y después otros dos en Roma. Es el único escritor del Nuevo Testamento que no es israelita, era griego.

Su evangelio es el más fácil de leer. Son 1 200 renglones escritos en excelente estilo literario. Lo han llamado "el evangelio de los pobres", porque allí aparece Jesús prefiriendo siempre a los pequeños, a los enfermos, a los pobres y a los pecadores arrepentidos. Es un Jesús que corre al encuentro de aquellos para quienes la vida es más dura y angustiosa. También se ha llamado: "el evangelio de la oración", porque presenta a Jesús orando en todos los grandes momentos de su vida e insistiendo continuamente en la necesidad de orar siempre y de no cansarse de orar.

San Lucas quiere insistir en su evangelio en que el amor de Dios no tiene límites ni rechaza a quien desea arrepentirse y cambiar de vida. Por eso los pecadores leen con tanto agrado y consuelo.

Dicen que murió soltero, a la edad de 84 años. El poeta Dante le dio a san Lucas este apelativo: "el que describe la amabilidad de Cristo".

Oración San Lucas del Espíritu Santo, luz de Vidriales, intercede por nosotros en nuestras necesidades. Dominico ejemplar, concédenos lo que con fe te pedimos. Devoto de la Virgen María, envíanos la luz del Espíritu Santo.

Gran Misionero, guía nuestros pasos en la oscuridad de la vida. Apóstol del Japón por amor a Jesucristo, condúcenos hacia la luz de las realizaciones. Mártir de Nagasaki por la causa del Evangelio, ayúdanos a vivir y a morir como verdaderos cristianos. Por Jesucristo Nuestro Señor, Amén.

45

SAN MARTÍN CABALLERO

Fecha: 11 de noviembre.
Patrono de las cocineras, sirvientas, amas de casa, hoteleros, casas de huéspedes, administradores de hospitales, escultores, pintores, lavanderas, de las hermanas de la caridad, moribundos y del hogar.

Hijo de un tribuno militar, san Martín de Tours nació en Hungría en 316, aunque toda su educación la recibió en Pavia, Italia. Desde muy joven sintió un cariño especial al tema religioso, sólo que a los 15 años se vio obligado a entrar en el ejército, sirviendo a caballo en la guardia imperial romana.

Un día de invierno muy frío, la tropa romana entró en la ciudad francesa de Amiens. Allí, Martín encontró a un hombre desnudo que le implora caridad, y sin tener monedas para darle, Martín sacó la espada, cortó la capa que llevaba por el medio y le dio la mitad a aquel pobre hombre. Fue objeto de burlas por parte de sus compañeros, pero la acción caritativa fue dulcemente recompensada, ya que la tradición cuenta que aquel mismo día por la noche, vio en sueños a Jesucristo vestido con el mismo trozo de tela que había dado al mendigo.

El joven soldado Martín se encontraba con las legiones que el César había concentrado en la ciudad de Works, preparando la ofensiva contra los bárbaros que habían penetrado en las Galias. Para levantar de manera convincente la moral de los soldados, el César decidió dar un donativo a sus tropas. En medio de las legiones alineadas en perfecto orden, cada soldado recibía el dinero que con generosidad daba Juliano. Fue entonces cuando Martín renunció a llevar armas. Aproximándose a Juliano le dijo: "Hasta ahora, César, he luchado por ti; permite que ahora luche por Dios. El que tenga intención de continuar siendo soldado que acepte tu donativo; yo soy soldado de Cristo, no me es lícito seguir en el ejército". Juliano pensó que aquel momento, en medio de una operación militar, no era el más oportuno para acceder a tan singular petición para un emperador romano. No podía permitir entre sus tropas ni la deserción ni la disensión. Pero, hábil como era, pretendió desautorizar a Martín entre sus compañeros y le contestó: "Tú sabes que el combate está pronto, los bárbaros nos atacarán mañana y hemos de responder con contundencia, la seguridad del Imperio peligra. Tu actitud, querido Martín, parece que está más motivada por el miedo que por tus convicciones religiosas. Dices ser cristiano, es decir, un cobarde. Tienes miedo de enfrentarte al enemigo".

Martín escuchaba con paciencia y la respuesta le salió rauda del corazón: "Muy bien. Dices que soy un cobarde. Pues mañana, al amanecer, cuando sitúes tus legiones en orden de combate, déjame en primera línea, sin armas, sin escudo y sin casco y me internaré tranquilo en las filas enemigas. Así te probaré mi valor y mi fidelidad y te demostraré que el miedo que tengo no es a morir sino a derramar la sangre de otros hombres". Y así se acordó.

Las crónicas anotaron que los bárbaros no se atrevieron a enfrentarse a la pericia militar de Juliano, pero algunos legionarios afirmaron que lo que realmente les espantó fue haber sabido, gracias a sus espías, que los romanos estaban tan seguros de la victoria, que muchos soldados acudirían al combate sin armas.

Así fue como Martín, más tarde conocido como san Martín de Tours, obtuvo la licencia, vencedor por dos veces, pues él no combatió ni se había derramado sangre humana.

Ya libre del ejército, se bautizó y se dirigió a Poitiers para unirse a los discípulos de san Hilario. Allí empezó su vida dedicada a Cristo, y después de conocer las principales virtudes cristianas y de pasar unos días en su ciudad natal, se dirigió a Milán. Al cabo de unos años se retiró a una pequeña isla cerca de Génova, llevando una vida eremítica de silencio y austeridad.

San Hilario le pidió que regresara a Poitiers, donde fue exorcista.

Oración ¡Oh! Glorioso soldado romano, que fuiste de Dios conferido a cumplir el don de la caridad. Por las pruebas más grandes a que fuiste sometido por el Señor, yo te pido de todo corazón que combatas la miseria de mi casa, que la caridad de tu Alma me siga por dondequiera que vaya. Y me dé suerte en mis negocios. ¡Oh! San Martín Caballero del Señor fiel Misionero, líbrame de todo mal. Para que nunca me falte salud, trabajo y sustento.

46

SAN MARTÍN DE PORRES

Fecha: 3 de noviembre.
Patrono de barberos, peluqueros, mulatos, problemas interraciales, sanidad pública, educación pública.

Nació en Lima, Perú, hijo de un blanco español y de una negra africana. Por el color de su piel, su padre no lo quiso reconocer y en la partida de bautismo figura como "de padre desconocido". Su infancia no fue demasiado feliz, pues por mulato era despreciado en la sociedad.

Aprendió los oficios de peluquero y de enfermero, y aprovechaba sus dos profesiones para hacer muchos favores gratuitamente a los más pobres. A los 15 años pidió ser admitido en la comunidad de padres dominicos. Como a los mulatos les tenían mucha desconfianza, fue admitido solamente como un servicial de la comunidad; así vivió 9 años, practicando los oficios más humildes y siendo el último de todos. Al fin fue admitido como hermano religioso en la comunidad y le dieron el oficio de peluquero y de enfermero.

Los frailes se quejaban de que fray Martín quería hacer del convento un hospital, porque a todo enfermo que encontraba lo socorría y hasta llevaba a algunos más graves y pestilentes a recostarlos en su propia cama cuando no tenía más donde se los recibieran. Con la ayuda de varios ricos de la ciudad fundó el asilo de Santa Cruz para reunir a todos los vagos, huérfanos y limosneros y ayudarles a salir de su penosa situación. Aunque él trataba de ocultarse, su fama de santo crecía día a día. Muchos enfermos lo primero que pedían cuando se sentían graves era ver al hermano Martín.

Sin moverse de Lima, fue visto sin embargo en China y en Japón animando a los misioneros. Sin que saliera del convento lo veían llegar junto a la cama de ciertos moribundos a consolarlos. A los ratones que invadían la sacristía los invitaba a irse a la huerta y lo seguían en fila muy obedientes. En una misma cacerola hacía comer al mismo tiempo a un gato, un perro y varios ratones.

Cuando oraba con mucha devoción, se levantaba por los aires y no veía ni escuchaba a la gente. A veces el mismo virrey que iba a consultarle tenía que aguardar un buen rato en la puerta de su habitación, esperando a que terminara su éxtasis.

A los 60 años, después de haber pasado 45 años en la comunidad, murió el 3 de noviembre de 1639. Toda la ciudad acudió a su sepelio.

Oración Señor Nuestro Jesucristo, que dijiste "pedid y recibiréis", humildemente te suplicamos que, por la intercesión de san Martín de Porres, escuches nuestros ruegos.

Renueva, te suplicamos, los milagros que por su intercesión durante su vida realizaste, y concédenos la gracia que te pedimos si es para bien de nuestra alma. Así sea.

47

SAN MATEO

Fecha: 21 de septiembre.
Patrono de los banqueros, financistas, cambistas, agentes del fisco, aduaneros.

Se llamaba también Leví, y era hijo de Alfeo. Su oficio era de recaudador de impuestos, un cargo muy odiado por los judíos, porque se recolectaban para una nación extranjera. Los publicanos o recaudadores de impuestos se enriquecían fácilmente. Como ejercía su oficio en Cafarnaum, y en esa ciudad pasaba Jesús muchos días y obraba milagros maravillosos, ya seguramente Mateo lo había escuchado varias veces y le había impresionado su modo de ser y de hablar.

Un día que se encontraba en su oficina de cobranzas, quizá pensando acerca de lo que debería hacer en el futuro, vio aparecer frente a él nada menos que al Divino Maestro, el cual le hizo una propuesta totalmente inesperada: "Ven y sígueme". Mateo aceptó sin más la invitación de Jesús y renunciando a su empleo tan productivo, se fue con Él, no a ganar dinero, sino almas.

Mateo dispuso despedirse de su vida de empleado público, dando un gran almuerzo a todos sus amigos, y el invitado de honor era nada menos que Jesús. Y con Él, sus apóstoles. Y como allí se reunió la flor y nata de los pecadores y publicanos, los fariseos se escandalizaron horriblemente y llamaron a varios de los apóstoles para protestarles por semejante actuación de su jefe. Jesús entonces respondió a estas protestas de los fariseos: "No necesitan médico los que están sanos, sino los que están enfermos. Yo no he venido a buscar santos sino pecadores. Y a salvar lo que estaba perdido". Desde entonces Mateo va siempre al lado de Jesús. Presencia sus milagros, oye sus sermones y le colabora predicando y catequizando por los pueblos y organizando las multitudes cuando siguen ansiosas de oír al gran profeta de Nazaret.

Los judíos le dieron 39 azotes a Mateo por predicar que Jesús sí había resucitado y cuando estalló la persecución contra los cristianos en Jerusalén, Mateo se fue al extranjero a evangelizar.

En todo el mundo es conocido este santo por su evangelio. Este corto escrito de sólo 28 capítulos y 50 páginas, ha sido la delicia de predicadores y catequistas durante 20 siglos en todos los continentes. Este evangelio fue escrito especialmente para los judíos que se convertían al cristianismo, y por eso fue redactado en el idioma de ellos, el arameo.

A san Mateo lo pintan teniendo al lado a un ángel en forma de hombre, porque su evangelio comienza haciendo la lista de los antepasados de Jesús como hombre, y narrando la aparición de un ángel a san José. Dicen que predicó en Etiopía y que allá murió martirizado.

Oración Oh Dios, que en tu infinita misericordia te dignaste elegir a san Mateo para convertirlo de publicano en apóstol, concédenos que, fortalecidos con su ejemplo y su intercesión, podamos seguirte siempre y permanecer unidos a ti con fidelidad. Por Nuestro Señor Jesucristo.

48

SAN MATÍAS

Fecha: 14 de mayo.
Patrono de carpinteros; sastres; alcohólicos reformados. Protector contra la viruela.

Es un apóstol *póstumo*. Matías fue elegido apóstol por los otros once. Los discípulos presentaron dos candidatos: José, hijo de Sabas y Matías. Entonces oraron y echaron suertes y la suerte cayó en Matías.

San Clemente y san Jerónimo dicen que san Matías había sido uno de los 72 discípulos que Jesús mandó una vez a las misiones. Una antigua tradición cuenta que murió crucificado. Lo pintan con una cruz de madera en su mano y los carpinteros le tienen especial devoción.

Oración Oh, Dios, que quisiste agregar a san Matías al colegio de los apóstoles, concédenos, por sus ruegos, que podamos alegrarnos de tu predilección al ser contados entre tus elegidos. Por Nuestro Señor Jesucristo.

49

SAN MEDARDO

Fecha: 8 de junio.
Patrono de los camareros, leñadores y titiriteros; se le invoca para combatir la tuberculosis intestinal y el dolor de muelas.

Medardo siendo muy joven le regaló su caballo a un pobre viajero que lloraba porque los ladrones le habían robado el suyo. Su padre al verlo tan generoso para con los necesitados opinó que su hijo más iba a servir para sacerdote que para negociante. Y así sucedió.

A los 33 años fue ordenado sacerdote, y siguió ejercitando una gran caridad para con los pobres. A los estudiantes muy necesitados los sentaba a su mesa, gratuitamente, para que se alimentaran lo mejor posible.

San Medardo tenía un cultivo de matas de uva y una noche en pleno tiempo de cosecha, entraron unos ladrones a robarle las uvas. Cuando ya tenían los costales llenos, quisieron salir y no encontraron la puerta de salida. Les parecía como si se hubieran vuelto ciegos, porque por ninguna parte encontraron la puerta de salida. Al amanecer llegó el santo, y ellos muy asustados, le pidieron perdón, le dejaron los costales, y así el santo recolectó sus uvas.

También tenía san Medardo unas colmenas que le producían muy buena miel, y las abejas eran muy mansas y muy buenas. Un día llegó un ratero a robarse la miel y las abejas lo persiguieron tan terriblemente que al otro no le quedó otro remedio que meterse a la casa del santo a pedirle que rezara por él. San Medardo echó una bendición a las abejas y éstas se fueron muy obedientes; entonces le dijo al ladrón: "Esto es señal de los castigos que te pueden llegar si sigues robando. Ahora son unas sencillas abejas, pero después los que te picarán serán tus remordimientos eternamente". Y el otro no volvió a robar. Como era un sacerdote verdaderamente ejemplar fue elegido obispo.

Oración Haced, oh Dios omnipotente, que la augusta solemnidad de san Medardo, vuestro confesor y pontífice, aumente en nosotros el espíritu de, piedad y el deseo de la salvación. Por Jesucristo Nuestro Señor, Amén.

50

SAN MIGUEL ARCÁNGEL

Fecha: 29 de septiembre y se celebra junto con san Gabriel y san Rafael, todos arcángeles.
Patrono de radiólogos y de los policías.

La Iglesia Católica ha tenido siempre una gran devoción al Arcángel san Miguel, especialmente para pedirle que nos libre de los ataques del demonio y de los espíritus infernales. Muchos creen que él es el jefe de los ejércitos celestiales.

Oración San Miguel Arcángel, defiéndenos en la batalla. Sé nuestro amparo contra la perversidad y asechanzas del demonio. Reprímale Dios, pedimos suplicantes, y tú Príncipe de la Milicia Celestial, arroja al infierno con el divino poder a Satanás y a los otros espíritus malignos que andan dispersos por el mundo para la perdición de las almas. Amén.

51

SAN NICOLÁS

Fecha: 6 de diciembre.

Patrono de la liberación de presos, peligros de robo, conversión de ladrones, panaderos, toneleros, navegantes, niños, cerveceros, novias, encarcelados, toneleros, barqueros, farmacéuticos, pescadores, jueces, contra los juicios injustos, estibadores, comerciantes, recién casados, empleados de parroquias, prestamistas, peregrinos, pobres, encarcelados, marineros, escolares, limpiabotas, solteras, estudiantes, viajeros y muchachas con deseos de casarse.

Invocado en los peligros, en los incendios y en una situación económica difícil. Patrono de Rusia, de Grecia y de Turquía.

Nació en Licia, Turquía, de padres muy ricos. Al morir sus padres atendiendo a los enfermos en una epidemia, él quedó heredero de una inmensa fortuna. Entonces repartió sus riquezas entre los pobres y se fue de monje a un monasterio.

De san Nicolás escribieron muy hermosamente san Juan Crisóstomo y otros grandes santos. Tenía un tío obispo y lo consagró como sacerdote. Después quiso visitar la Tierra Santa donde vivió y murió Jesús, y al volver de allá llegó a la ciudad de Mira, Turquía, donde los obispos y sacerdotes estaban en el templo discutiendo a quién deberían elegir como nuevo obispo de la ciudad. Y en ese momento, sin saber esto, entró Nicolás y por aclamación de todos fue elegido obispo. Por eso se le llama San Nicolás de Mira.

La especialidad de este santo fueron los milagros tan numerosos que logró conseguir de Dios. Lo pintaban con unos niños, porque los antiguos contaban que un criminal hirió a cuchillo a varios niñitos, y el santo al rezar por ellos, obtuvo su curación instantánea. También pintan junto a él a una señorita, porque en su ciudad había un anciano muy pobre con tres hijas y no lograba que se casaran por ser en tan extremo pobres. Entonces el santo por tres días seguidos, cada noche le echó por la ventana una bolsa con monedas de oro, y así el anciano logró casar a sus hijas muy bien. Cuentan que unos marineros en medio de una tempestad en alta mar, empezaron a decir: "Oh Dios, por las oraciones de nuestro buen obispo Nicolás, sálvanos". Y en ese momento vieron aparecer sobre el barco a san Nicolás, el cual bendijo al mar, que se calmó, y en seguida desapareció.

En oriente lo llaman Nicolás de Mira, por la ciudad donde estuvo de obispo, pero en occidente se le llama Nicolás de Bari, porque cuando los mahometanos invadieron a Turquía, un grupo de católicos sacó de allí en secreto las reliquias del santo y se las llevó a la ciudad de Bari, en Italia. En esa ciudad se obtuvieron tan admirables milagros al rezarle a este gran santo, que su culto llegó a ser sumamente popular en toda Europa.

Como en alemán se llama San Nikolaus, lo empezaron a llamar Santa Claus, y lo pintan como un anciano vestido de rojo, con una barba muy blanca, que pasaba de casa en casa repartiendo regalos y dulces a los niños. El santo murió el 6 de diciembre de 345.

Oración Oh, glorioso san Nicolás, mi especial protector desde aquella morada de luz, en que gozáis de la presencia divina, volved piadoso vuestros ojos hacia mí, y alcanzadme del Señor aquellas gracias y auxilios convenientes a mis presentes necesidades, tanto espirituales como corporales, y en particular la gracia (mencionar aquí), que sea conducente para mi eterna salvación. Proteged también, oh, glorioso santo obispo, a nuestro Sumo Pontífice, a la Iglesia santa y a esta devota ciudad. Reducid al camino recto de la salvación a los que viven sumidos en el pecado, o envueltos en las tinieblas de la ignorancia, del error y de la herejía. Consolad a los afligidos, socorred a los necesitados, confortad a los pusilánimes, defended a los oprimidos, asistid a los enfermos; y haced por fin que todos experimenten los efectos de vuestro poderoso patrocinio para con el supremos Dispensador de todos los bienes. Amén.

52

SAN NICOLÁS DE TOLENTINO

Fecha: 10 de septiembre.
Patrono de las almas del purgatorio.

El sobrenombre Tolentino le vino de la ciudad italiana donde trabajó y murió. Sus padres, después de muchos años de matrimonio, no tenían hijos, y para conseguir del cielo la gracia de que les llegara algún heredero, hicieron una peregrinación al santuario de san Nicolás de Bari. Al año siguiente nació este niño y en agradecimiento al santo que les había conseguido el regalo del cielo, le pusieron por nombre Nicolás.

Ya desde muy pequeño le gustaba alejarse del pueblo e irse a una cueva a orar. Ordenado de sacerdote en 1270, se hizo famoso porque colocó sus manos sobre la cabeza de una mujer ciega que recobró la vista inmediatamente.

Fue a visitar un convento de su comunidad y le pareció muy hermoso y confortable y dispuso pedir que lo dejaran allí, pero al llegar a la capilla oyó una voz que le decía: "A Tolentino, a Tolentino, allí perseverarás". Comunicó esta noticia a sus superiores, y a esa ciudad lo mandaron.

Al llegar a Tolentino se dio cuenta de que la ciudad estaba arruinada moralmente por una guerra civil entre dos partidos políticos, lo güelfos y los gibelinos, que se odiaban a muerte. Y se propuso dedicarse a predicar como recomienda san Pablo. Oportuna e inoportunamente, predica con dulzura y amabilidad, pero los oyentes estallan en lágrimas al oírle. Sus palabras penetran en el corazón y parecen quedar escritas en el cerebro de quien escucha. Sus oyentes suspiran emocionados y se arrepienten de su mala vida pasada. Los que no deseaban dejar su antigua vida de pecado hacían todo lo posible por no escuchar a este predicador que les traía remordimientos de conciencia. San Nicolás de Tolentino vio en un sueño que un gran número de almas del purgatorio le suplicaban que ofreciera oraciones y misas por ellas. Desde entonces se dedicó a ofrecer muchas santas misas por el descanso de las benditas almas. Recorría los barrios más pobres de la ciudad consolando a los afligidos, llevando los sacramentos a los moribundos y tratando de convertir a los pecadores.

En las indagatorias para su beatificación, una mujer declaró bajo juramento que su esposo la golpeaba brutalmente, pero que desde que empezó a oír al padre Nicolás, cambió totalmente y nunca la volvió a tratar mal. Y otros testigos confirmaron tres milagros obrados por el santo, el cual cuando conseguía una curación maravillosa les decía: "No digan nada a nadie". "Den gracias a Dios, y no a mí. Yo no soy más que un poco de tierra. Un pobre pecador."

Murió el 10 de septiembre de 1305, y cuarenta años después de su muerte fue encontrado su cuerpo incorrupto. En esa ocasión le quitaron los brazos y de la herida salió bastante sangre. De esos brazos, conservados en relicarios, ha salido periódicamente mucha sangre. Esto ha hecho más popular a nuestro santo.

Oración Dios Todopoderoso, que diste a san Nicolás de Tolentino una generosidad extrema con los pobres, te pedimos por su intercesión que seamos capaces de brindarnos sin límites a los hermanos que necesitan de nuestra ayuda. Por Jesucristo, tu Hijo, Nuestro Señor. Amén.

53

SAN PABLO

Fecha: 29 de junio.
Patrono de los teólogos y la prensa católica. Invocado en tempestades y en casos de mordedura de serpiente.

Nació en la ciudad de Tarso, en Asia Menor, quizás unos diez años después del nacimiento de Jesucristo. Su primer nombre era Saulo. Era de familia de judíos, de la tribu de Benjamín y de la secta de los fariseos. Fue educado con toda la rigidez de las doctrinas de los fariseos, y aprendió el idioma griego, que era el que en ese entonces hablaba la gente culta de Europa.

De joven fue a Jerusalén a especializarse en los libros sagrados como discípulo del rabino más famoso de su tiempo, el sabio Gamaliel. Durante la vida pública de Jesús no estuvo Saulo en Palestina, por eso no lo conoció personalmente.

Después de la muerte de Jesús, volvió a Jerusalén y se encontró con que los seguidores de Jesús se habían extendido y emprendió con muchos otros judíos una feroz persecución contra los cristianos. Al primero que mataron fue al diácono san Esteban y mientras los demás lo apedreaban, Saulo les cuidaba sus vestidos, demostrando así que estaba de acuerdo con este asesinato. Pero Esteban murió rezando por sus perseguidores y obtuvo pronto la conversión de este terrible enemigo.

Saulo salió para Damasco con órdenes de los jefes de los sacerdotes judíos para apresar y llevar a Jerusalén a los seguidores de Jesús. Pero por el camino una luz deslumbrante lo derribó del caballo y oyó una voz que le decía que por qué lo perseguía. Saulo preguntó quién hablaba y la voz le respondió: "Yo soy Jesús el que tú persigues" y Jesús le ordenó que fuera a Damasco y que allá le indicaría lo que tenía que hacer. Desde ese momento quedó ciego y así estuvo por tres días. Y allá en Damasco un discípulo de Jesús lo instruyó y lo bautizó, y entonces volvió a recobrar la vista. Desde ese momento dejó de ser fariseo y empezó a ser apóstol cristiano.

San Pablo hizo grandes viajes que se han hecho famosos. En el primero cambió su nombre de Saulo por el de Pablo, en honor de su primer gran convertido, el gobernador de Chipre, que se llamaba Sergio Pablo. El segundo viaje es cuando visitó las comunidades o iglesias que fundó en el primer viaje y se propone seguir predicando por Asia Menor, sólo que un mensaje del cielo se lo impide y le manda que vaya a Europa a seguir con las misiones. Se encuentra con dos valiosos colaboradores: el evangelista san Lucas y Timoteo, quien será su más fiel secretario y servidor, y a quien escribirá después dos cartas que se han hecho famosas.

En su tercer viaje lo más notable fue en la ciudad de Efeso, donde Pablo logró que muchas personas empezaran a darse cuenta de que la diosa Diana que ellos adoraban, era un simple ídolo, y dejaron de rendirle culto. Por todas partes se iba despidiendo, anunciando a sus discípulos que el Espíritu Santo le comunicaba que en Jerusalén le iban a suceder hechos graves, y que por eso probablemente no lo volverían a ver.

Cuando estalló la persecución de Nerón, éste mandó matar al gran Apóstol, cortándole la cabeza. Dicen que sucedió el martirio en el sitio llamado las Tres Fuentes, y una antigua tradición cuenta que, al caer la cabeza de Pablo por el suelo, dio tres golpes y que en cada sitio donde la cabeza golpeó el suelo, brotó una fuente de agua.

En su segunda Carta a los Corintios, San Pablo narra lo que le sucedió en su apostolado: "Cinco veces recibí de los judíos 39 azotes cada vez. Tres veces fui apaleado con varas. Tres veces padecí naufragios. Un día y una noche los pasé entre la vida y la muerte en medio de las olas del mar. Muchas veces me vi en peligros de ríos, peligros de ladrones, peligros de los judíos, peligros de los paganos, peligros en la ciudad, peligros en el campo, peligros en el mar, peligros por parte de falsos hermanos; noches sin dormir; días y días sin comer; sed espantosa y un frío terrible; falta de vestidos con los cuales abrigarse, y además de eso, mi preocupación por todas las Iglesias o reuniones de creyentes. Quien se desanima, que no me haga desanimar. ¿Quién sufre malos ejemplos que a mí no me haga sufrir con eso?"

Oración Señor, Dios Nuestro, concédenos la poderosa ayuda del apóstol Pablo, para que Aquel que con su ardiente predicación nos enseñó las verdades de la fe, nos obtenga ahora por su intercesión el auxilio necesario para llegar a la salvación eterna. Por Nuestro Señor Jesucristo, que contigo vive y reina en la unidad del Espíritu Santo, por los siglos de los siglos. Amén.

54

SAN PASCUAL BAILÓN

Fecha: 17 de mayo.
Patrono de cocineros, congresos y organizaciones eucarísticas.

Le pusieron por nombre Pascual, por haber nacido el día de Pascua. Nació en Torre Hermosa, Aragón, España y desde los siete años hasta los 24 fue pastor de ovejas.

Desde los campos donde cuidaba las ovejas de su amo, alcanzaba a ver la torre del pueblo y de vez en cuando se arrodillaba a adorar el Santísimo Sacramento. En esos tiempos se acostumbraba que al elevar la Hostia el sacerdote en la Misa, se diera un toque de campanas. Cuando el pastorcito Pascual oía la campana, se arrodillaba allá en su campo, mirando hacia el templo y adoraba a Jesucristo presente en la Santa Hostia. Un día otros pastores le oyeron gritar: "¡Ahí viene!, ¡allí está!" Y cayó de rodillas. Después dijo que había visto a Jesús presente en la Santa Hostia.

Anduvo descalzo por caminos llenos de piedras y espinas. Y cuando alguna de las ovejas se pasaba al potrero del vecino le pagaba al otro, con los escasos dineros que le pagaban de sueldo, el pasto que la oveja se había comido.

A los 24 años pidió ser admitido como hermano religioso entre los franciscanos. Al principio le negaron la aceptación por su poca instrucción, pues apenas había aprendido a leer. Y el único libro que leía era el devocionario, el cual llevaba siempre mientras pastoreaba sus ovejas y allí le encantaba leer especialmente las oraciones a Jesús Sacramentado y a la santísima Virgen.

Como religioso franciscano sus oficios fueron siempre los más humildes: portero, cocinero, mandadero, barrendero. Un día un humilde religioso se asomó por la ventana y vio a Pascual danzando ante un cuadro de la Virgen diciéndole: "Señora: no puedo ofrecerte grandes cualidades, porque no las tengo, pero te ofrezco mi danza campesina en tu honor". Pocos minutos después el religioso aquel se encontró con el santo y lo vio tan lleno de alegría en el rostro como nunca antes lo había visto así. Cuando los padres oyeron esto, unos se rieron, otros se pusieron muy serios, pero nadie comentó nada.

Hablaba poco, pero cuando se trataba de la Sagrada Eucaristía, entonces sí se sentía inspirado por el Espíritu

Santo y hablaba muy hermosamente. Siempre estaba alegre, pero nunca se sentía tan contento como cuando ayudaba en misa o cuando podía estarse un rato orando ante el Sagrario del altar.

Pascual nació en la Pascua de Pentecostés de 1540 y murió en la fiesta de Pentecostés de 1592, el 17 de mayo. Cuando estaba moribundo oyó una campana y preguntó: "¿De qué se trata?" "Es que están en la elevación en la Santa Misa". "¡Ah que hermoso momento!", y quedó muerto plácidamente.

Después durante su funeral, tenían el ataúd descubierto, y en el momento de la elevación de la Santa Hostia en la misa, los presentes vieron con admiración que abría y cerraba por dos veces sus ojos.

Oración Señor, Dios Todopoderoso, te pedimos nos concedas como a san Pascual Bailón, una profunda devoción a la presencia de tu Hijo en la Eucaristía y que te adoremos con cuerpo y alma toda nuestra vida. Por Jesucristo, tu Hijo, Nuestro Señor. Amén.

SAN PEDRO

Fecha: 29 de junio.
Patrono de los vendedores ambulantes y de los pescadores.

Cuando Jesucristo eligió a san Pedro para que fuera Papa, sabía que cometería un grave pecado; y sin embargo no eligió a otro apóstol, sino a él. Y Pedro estuvo dispuesto a ir con él a la cárcel o a la misma muerte, Pero Jesús le aseguró: ¡Oh, Pedro! Esta misma noche, antes de que el gallo cante, ya me habrás negado tres veces.

Pero Pedro, a pesar de sus protestas, se olvidó, y ante la voz de una mujer que le acusaba, juró que no conocía a Jesús. Lo negó tres veces, y a la tercera cantó el gallo. Entonces recordó las palabras del Maestro, y dándose cuenta de su pecado, lloró amargamente y Jesús, después de resucitar, lo perdonó.

Un día Pedro y Juan subían al templo, cuando se encontraron con un paralítico. Pasando junto a él, Pedro le dijo: "Míranos, plata u oro no tengo; pero te doy lo que tengo. En nombre de Jesús Nazareno, levántate y ponte a andar". El enfermo, repentinamente curado, dio un salto y se puso en pie a alabar a Dios. Muchos le conocían y se maravillaron del milagro y a la vista del milagro, se convirtieron más de cinco mil hombres.

En una ocasión estaban Pedro y Juan enseñando en el templo, cuando llegaron algunas autoridades y los metieron presos. Al día siguiente comparecieron ante el pontífice, quien les preguntó a nombre de quién habían hecho la curación del paralítico. Pedro le contestó que en nombre de Jesucristo y en virtud de él. Entonces les amenazaron que por ningún caso hablasen ni enseñasen en nombre de Jesús. Mas Pedro y Juan les respondieron "Juzgad vosotros qué es más justo en la presencia de Dios: si el obedeceros a vosotros o el obedecer a Dios".

Todos los que estaban enfermos se ponían por donde Pedro pasaba y con sólo tocarles quedaban curados. Así llegaba a Jerusalén mucha gente de todas las ciudades, trayendo enfermos que eran curados.

Cuentan que Herodes mandó encarcelar a Pedro, y para dormir lo hacía atado con cadenas a varios soldados. El rey tenía pensado condenarlo a muerte después de la Pascua; pero mientras Pedro estaba en la cárcel, la Iglesia entera hacía oración por él. Y sucedió que, la noche anterior al día en que Herodes pensaba matarle, mientras dormían, el ángel del Señor despertó a Pedro, y al instante se le cayeron las cadenas con las que estaba atado a los soldados y un ángel le pidió que tomara su capa y lo siguiera. Pedro salió tras el ángel y cruzaron delante de todos los guardias, hasta que llegaron a la puerta de hierro, la cual se abrió por sí misma. Salieron y caminaron hasta el fin de la calle, y allí el ángel desapareció. Entonces Pedro se encaminó a una casa donde sabía que se reunían los cristianos, llamó a la puerta, le abrieron, y al verle quedaron asombrados.

San Pedro fue el obispo de Roma por espacio de unos 25 años, hasta que murió víctima del emperador Nerón. La tradición dice que al arreciar la persecución, y sabiendo los cristianos el interés que tenía Nerón de encontrar al jefe de los cristianos, consiguieron convencer a Pedro de que se marchase durante algún tiempo a un lugar menos peligroso. Cuando Pedro se disponía a salir de la ciudad, tuvo una visión en donde se encontró con su Señor y Maestro Jesús, que venía hacia Roma cargando a las espaldas con una cruz. Pedro al verlo, humilde y confuso, solamente acertó a decirle: "¿Adónde vas, Señor?" Y el Salvador le respondió: "Voy a Roma para ser crucificado otra vez". La visión desapareció, pero Pedro comprendió la lección: Aquella cruz que traía el maestro era su propia cruz, que debería aceptar valientemente.

Pedro decidió regresar a Roma y aceptar el tormento de la cruz. La guardia romana no tardó en apresarle, y el emperador Nerón le condenó a morir en cruz. A Pedro le pareció tanto honor que, considerándose indigno de morir como el Maestro, suplicó le concedieran el favor de morir cabeza abajo, gracia que le fue concedida.

Pedro murió en el Vaticano, el día 29 de junio de 64.

Oración Dios todopoderoso que elegiste a san Pedro como príncipe de los apóstoles y cabeza del pueblo de la alianza, te pedimos por su intercesión que nos concedas un amor profundo a tu Iglesia y a su cabeza visible y tu representante en la tierra el romano pontífice. Por Jesucristo, Nuestro Señor. Amén.

SAN POLICARPO

Fecha: 26 de enero.
Patrono de estilo. Protector contra los dolores de oído y los desórdenes intestinales.

San Policarpo tuvo el honor de ser discípulo del apóstol san Juan Evangelista. Los fieles le profesaban una gran admiración. San Policarpo era obispo de la ciudad de Esmirna, en Turquía, y fue a Roma a dialogar con el papa Aniceto para ver si podían ponerse de acuerdo para unificar la fecha de fiesta de Pascua entre los cristianos de Asia y los de Europa.

Cuando san Ignacio de Antioquía iba hacia Roma, encadenado para ser martirizado, san Policarpo salió a recibirlo y besó emocionado sus cadenas. Y por petición de san Ignacio escribió una carta a los cristianos de Asia, carta que según san Jerónimo, era sumamente apreciada por los antiguos cristianos.

Los cristianos de Esmirna escribieron la bellísima carta poco después del martirio de este gran santo, y en ella nos cuentan que cuando estalló la persecución, Policarpo no se presentó voluntariamente a las autoridades para que lo mataran, porque él tenía temor de que su voluntad no fuera lo suficientemente fuerte para ser capaz de enfrentarse al martirio, y porque sus fuerzas no eran ya tan grandes pues era muy anciano. Él se escondió, pero un esclavo fue y contó dónde estaba escondido y el gobierno envió un piquete de soldados a llevarlo preso. Era de noche cuando llegaron. Él se levantó de la cama y luego mandó que les dieran una buena cena a los que lo iban a llevar preso y les pidió que le permitieran rezar un rato. Pasó bastantes minutos rezando y varios de los soldados, al verlo tan piadoso y tan santo, se arrepintieron de llevarlo preso. Pero hicieron un gran montón de leña y colocaron sobre él a Policarpo. Los verdugos querían amarrarlo a un palo con cadenas. Policarpo, elevando los ojos hacia el cielo, oró así en voz alta: "Señor Dios, Todopoderoso, Padre de Nuestro Señor Jesucristo: yo te bendigo porque me has permitido llegar a esta situación y me concedes la gracia de formar parte del grupo de tus mártires, y me das el gran honor de poder participar del cáliz de amargura que tu propio Hijo Jesús tuvo que tomar antes de llegar a su resurrección gloriosa. Concédeme la gracia de ser admitido entre el grupo de los que sacrifican su vida por Ti y haz que este sacrificio te sea totalmente agradable. Yo te alabo y te bendigo Padre Celestial, por tu santísimo Hijo Jesucristo a quien sea dada la gloria junto al Espíritu Santo, por los siglos de los siglos".

Tan pronto terminó Policarpo de rezar su oración, prendieron fuego a la leña, y entonces sucedió un milagro: las llamas, haciendo una gran circunferencia, rodearon al cuerpo del mártir, y el cuerpo de Policarpo ya no parecía un cuerpo humano quemado sino un hermoso pan tostado, o un pedazo de oro sacado de un horno ardiente. Y todos los alrededores se llenaron de un agradabilísimo olor como de un fino incienso. Los verdugos recibieron la orden de atravesar el corazón del mártir con un lanzazo, y en ese momento salió volando desde allí hacia lo alto una blanquísima paloma, y al brotar la sangre del corazón del santo, en seguida la hoguera se apagó.

El día de su martirio fue el 23 de febrero de 155.

Oración Oh Dios, que cada año nos dais un nuevo motivo de gozo con la solemnidad del bienaventurado Policarpo, vuestro pontífice mártir, haced que celebrando su nacimiento al cielo, experimentemos los efectos de su protección. Por Jesucristo Nuestro Señor. Amén.

57

SAN QUINTÍN

Fecha: 31 de octubre.
Patrono de los cerrajeros.

Quintín fue hijo de un senador romano muy apreciado de la gente. Se hizo amigo del papa san Marcelino, quien lo bautizó.

Cuando el papa san Cayo organizó una expedición de misioneros para ir a evangelizar a Francia, Quintín fue escogido para formar parte de ese grupo de evangelizadores. Quintín fue enviado a la ciudad de Amiens, la cual ya había sido evangelizada en otro tiempo por san Fermín, por lo cual hubo un nutrido grupo de cristianos que le ayudaron allí a extender la religión. Quintín y sus compañeros se dedicaron con tan grande entusiasmo a predicar, que muy pronto en Amiens hubo una de las iglesias locales más fervorosas del país.

Nuestro santo había recibido de Dios el don de sanación, y al imponer las manos lograba la curación de ciegos, mudos, paralíticos y demás enfermos. Había recibido también un poder especial para alejar los malos espíritus, y eran muchas las personas que se veían libres de los ataques del diablo al recibir la bendición de san Quintín. Esto atraía más y más fieles a la religión verdadera. Los templos paganos se quedaban vacíos, los sacerdotes de los ídolos ya no tenían oficio, mientras que los templos de los seguidores de Jesucristo se llenaban cada vez más y más.

Los sacerdotes paganos se quejaron ante el gobernador Riciovaro, diciéndole que la religión de los dioses de Roma se iba a quedar sin seguidores si Quintín seguía predicado y haciendo prodigios. Riciovaro, que conocía a la noble familia del santo, lo llamó y le echó en cara que un hijo de tan famoso senador romano se dedicara a propagar la religión de un crucificado. Quintín le dijo que ese crucificado ya había resucitado y que ahora era el Rey y Señor de cielos y tierra, y que, por lo tanto, para él era un honor mucho más grande ser seguidor de Jesucristo que ser hijo de un senador romano. El gobernador hizo azotar muy cruelmente a Quintín y encerrarlo en un oscuro calabozo, amarrado con fuertes cadenas. Pero por la noche se le soltaron las cadenas y sin saber cómo, el santo se encontró libre, en la calle. Entonces el gobernador lo mandó poner preso otra vez y después de atormentarlo con terribles torturas, mandó que le cortaran la cabeza, y voló al cielo a recibir el premio que Cristo ha prometido para quienes se declaran a favor de Él en la tierra.

Oración Haced, os lo suplicamos, Dios omnipotente, que la intercesión del bienaventurado Quintín, vuestro mártir, cuyo nacimiento al cielo celebramos, nos fortifique en el amor de vuestro santo Nombre. Por Jesucristo Nuestro Señor. Amén.

58

SAN RAFAEL

Fecha: 29 de septiembre y se celebra junto con san Gabriel y san Miguel, todos arcángeles.

Patrono de los farmacéuticos y médicos; novios y de los esposos, los caminantes, marineros, ciegos, enfermos de peste. Protector de los jóvenes que dejan por primera vez su casa.

Su nombre significa: "Medicina de Dios". Fue el arcángel enviado por Dios para quitarle la ceguera a Tobías y acompañar al hijo de éste en un larguísimo y peligroso viaje y conseguirle una santa esposa.

Oración Glorioso arcángel san Rafael, medicina de Dios, que guiaste a Tobías en su viaje para cobrar la deuda de Gabelo le preparaste un feliz matrimonio y devolviste la vista a su anciano padre, guíanos en el camino de la salvación, ayúdanos en las necesidades, haz felices nuestros hogares y danos la visión de Dios en el Cielo. Amén.

59

SAN ROQUE

Fecha: 17 de agosto.
Patrono contra la peste y las epidemias. Protector de los perros y en algunos países patrón de picapedreros y marmolistas.

Roque nació en Montpellier, de una familia sumamente rica. Muertos sus padres, vendió todas sus posesiones, repartió el dinero entre los pobres y se fue como un pobre peregrino hacia Roma a visitar santuarios.

En ese tiempo estalló la peste de tifo y la gente se moría por montones por todas partes. Roque se dedicó entonces a atender a los más abandonados. A muchos logró conseguirles la curación con sólo hacerles la señal de la Santa Cruz sobre su frente. A muchísimos otros ayudó a bien morir, y él mismo les hacía la sepultura, porque nadie se atrevía a acercárseles por temor al contagio. Con todos practicaba la más exquisita caridad. Así llegó hasta Roma, y en esa ciudad se dedicó a atender a los más peligrosos de los apestados.

Un día, mientras atendía a un enfermo grave, se sintió también él contagiado de la enfermedad. Su cuerpo se llenó de manchas negras y de úlceras. Para no ser molesto a nadie, se retiró a un bosque solitario, y en el sitio donde él se refugió, ahí nació un aljibe de agua cristalina, con la cual se refrescaba. El perro de una casa importante de la ciudad empezó a tomar cada día un pan de la mesa de su amo e iba al bosque a llevárselo a Roque. Después de varios días de repetirse el hecho, al dueño le entró curiosidad, y siguió los pasos del perro, hasta que encontró al pobre llaguiento, en el bosque. Entonces se llevó a Roque a su casa y lo curó de sus llagas y enfermedades.

Apenas se sintió curado dispuso el santo volver a su ciudad de Montpellier. Pero al llegar a la ciudad, que estaba en guerra, los militares lo confundieron con un espía y lo encarcelaron. Y así estuvo 5 años en la prisión, consolando a los demás prisioneros y ofreciendo sus penas y humillaciones por la salvación de las almas.

Y un 15 de agosto, de 1378, fiesta de la Asunción de la Virgen Santísima, murió como un santo. Lo pintan con su bastón y sombrero de peregrino, señalando con la mano una de sus llagas y con su perro al lado, ofreciéndole el pan.

Oración Misericordiosísimo y benignísimo Señor, que con paternal providencia castigáis nuestras culpas, y por la infección del aire nos quitáis la salud y la vida corporal, para que reconociéndonos y humillándonos en vuestro acatamiento, nos deis la vida espiritual de nuestras almas: yo os suplico humildemente por la intercesión de san Roque, que si es para vuestra mayor gloria, y provecho de nuestras almas, me guardéis a mí y a toda esta familia y patria de cualquiera enfermedad y mal contagioso y pestilente, y nos deis entera salud de alma y cuerpo, para que en vuestro santo templo os alabemos y perpetuamente os sirvamos.

Y vos, oh bienaventurado santo, que para ejemplo de paciencia, y mayor confianza en vuestro patrocinio, quiso Dios que fueseis herido de pestilencia, y que en vuestro cuerpo padecieseis lo que otros padecen, y de vuestros males aprendieseis a compadeceros de los ajenos y socorrieseis a los que están en semejante agonía y aflicción, miradnos con piadosos ojos, y libradnos, si nos conviene, de toda mortandad, por medio de vuestras fervorosas oraciones, alcanzadnos gracia del Señor, para que en nuestro cuerpo sano o enfermo viva nuestra alma sana, y por esta vida temporal, breve y caduca lleguemos a la eterna y gloriosa, y con vos gocemos de ella en los siglos de los siglos. Amén.

60

SAN SEBASTIÁN

Fecha: 20 de enero.
Patrono de los moribundos y de los soldados; de los arqueros y los atletas.

Nació en Carbona, Francia, en 256, pero se educó en Milán. Fue soldado del ejército romano y el emperador Diocleciano, quien desconocía que era cristiano, llegó a nombrarlo jefe de la primera cohorte de la guardia pretoriana imperial. Se dedicó desde su importante lugar en el palacio imperial a sostener en la fe a los cristianos durante la persecución, salvando a muchos y alentando a otros cuando iban al suplicio.

Como buen cristiano, ejercitaba el apostolado entre sus compañeros, visitaba y alentaba a los cristianos encarcelados por causa de Cristo. Esta situación no podía durar mucho, y fue denunciado al emperador Maximino quien lo obligó a escoger entre ser su soldado o seguir a Jesucristo y el santo escogió la milicia de Cristo. Desairado el emperador, lo amenazó de muerte, pero san Sebastián, convertido en soldado de Cristo por la confirmación, se mantuvo firme en su fe. Enfurecido Maximino, lo condenó a morir asaeteado: los soldados del emperador lo llevaron al estadio, lo desnudaron, lo ataron a un poste y lanzaron sobre él una lluvia de saetas, dándolo por muerto. Sin embargo, sus amigos que estaban al acecho, se acercaron, y al verlo todavía con vida, lo llevaron a casa de una noble cristiana romana, llamada Irene, que lo mantuvo escondido en su casa y le curó las heridas hasta que quedó restablecido.

Maximino mandó que lo azotaran hasta morir, y los soldados cumplieron esta vez sin errores la misión y tiraron su cuerpo en un lodazal. Los cristianos lo recogieron y lo enterraron en la Vía Apia, en la célebre catacumba que lleva el nombre de san Sebastián.

El culto a san Sebastián o llamado también el Apolo cristiano es uno de los santos más reproducidos por el arte en general. Desde el siglo XV los artistas han preferido presentarlo desnudo, joven e imberbe, con las manos atadas al tronco de un árbol que tiene detrás y ofreciendo su noble torso a las saetas del verdugo. Murió en 288.

Oración Atiende, oh Dios Todopoderoso, a nuestra debilidad, y pues nos oprime el peso de nuestros pecados, alívianos de él, por la intercesión del bienaventurado mártir san Sebastián. Por Jesucristo, Nuestro Señor. Amén.

61

SAN TARCISIO

Fecha: 26 de abril.
Patrono de los acólitos.

San Tarcisio era un acólito o ayudante de los sacerdotes en Roma. Después de participar en una Santa Misa en las catacumbas de San Calixto, fue encargado por el obispo para llevar la Sagrada Eucaristía a los cristianos que estaban en la cárcel, prisioneros por proclamar su fe en Jesucristo. Por la calle se encontró con un grupo de jóvenes paganos que le preguntaron qué llevaba allí bajo su manto. Él no les quiso decir, y los otros lo atacaron ferozmente para robarle la Eucaristía. El joven prefirió morir antes que entregar tan sagrado tesoro. Cuando estaba siendo apedreado llegó un soldado cristiano y alejó a los atacantes. Tarcisio le encomendó que les llevara la Sagrada Comunión a los encarcelados, y murió contento de haber podido dar su vida por defender el Sacramento y las Sagradas formas donde está el Cuerpo y la Sangre de Cristo.

El libro oficial de las Vidas de Santos de la Iglesia, llamado "Martirologio Romano" cuenta así la vida de este santo: "En Roma, en la Vía Apia fue martirizado Tarcisio, acólito. Los paganos lo encontraron cuando transportaba el Sacramento del Cuerpo de Cristo y le preguntaron qué llevaba. Tarcisio quería cumplir aquello que dijo Jesús: "No arrojen las perlas a los cerdos", y se negó a responder. Los paganos lo apalearon y apedrearon hasta que exhaló el último suspiro pero no pudieron quitarle el Sacramento de Cristo. Los cristianos recogieron el cuerpo de Tarcisio y le dieron honrosa sepultura en el Cementerio de Calixto".

Prefirió morir y ser martirizado, antes que entregar la Eucaristía que contiene la Carne Divina de Cristo.

Oración San Tarcisio, mártir de la Eucaristía, pídele a Dios que todos y en todas partes demostremos un inmenso amor y un infinito respeto al Santísimo Sacramento donde está nuestro amigo Jesús, con su Cuerpo, su Sangre, su alma y su divinidad.

SAN TELMO

Fecha: 20 de abril.
Patrono de los navegantes.

Su nombre era Pedro González Telmo, pero el pueblo lo llamaba Telmo, y como san Telmo ha sido invocado siempre por sus devotos que han conseguido de él muchos favores. En momentos de especial peligro los marineros han gritado: "san Telmo bendito, ayúdame", y han recibido ayudas que nadie ha podido explicar.

El obispo de Astorga, tío de Telmo, le costeó la educación religiosa para que se hiciera sacerdote, y una vez ordenado lo nombró presidente de los canónigos de esa ciudad. Pero su educación había sido más mundana que espiritual y lo que buscaba Telmo no era salvar almas sino conseguir honores, y en él dominaban más el orgullo y el deseo de aparecer, que la virtud. Y Dios dispuso corregirlo. Así que un día en que se dirigía lleno de vanidad por las calles de Astorga a tomar posesión de su puesto de presidente de los empleados de la catedral, el caballo en el que viajaba con tanto orgullo y ostentación, empezó a corcovear y lo derribó entre un barrizal, en medio de las risas de la gente. Telmo se levantó de esa caída y exclamó: "Ya que hoy el mundo se ha burlado de mí, de ahora en adelante yo me burlaré del mundo", y dejando sus puestos honrosos entró de religioso dominico en un convento.

Se dedicó a la predicación. Tenía que hacerlo en las plazas porque la gente no cabía en los templos. Su voz era sonora, su pronunciación perfecta y su estilo directo. Hablaba francamente contra los vicios y en favor de la buena conducta, y sus sermones producían efectos admirables. Pasaba muchas horas estudiando los sermones que iba a pronunciar, y muchas horas más rezando por los hombres a Dios, antes de hablarles de Dios a los hombres.

El rey san Fernando quedó tan encantado de su modo de hablar que lo nombró capellán de su ejército que victorioso iba recobrando ciudad por ciudad y pueblo por pueblo, del poder de los moros. Allí en el ejército tuvo que dedicarse Telmo con todas sus energías a corregir vicios de los militares y a contenerlos para que en las ciudades que conquistaban no cometieran excesos y crueldades. Los militares jóvenes de las altas clases sociales se sintieron muy molestos por los sermones de Telmo en el ejército, porque no les toleraba sus vicios y maldades y se propusieron amargarle la vida lo más posible. Telmo se retiró del ejército y empezó otro apostolado muy especial: la evangelización de los pescadores y marineros en la región de Tuy. Sucedió que los marineros y pescadores empezaron a encomendarse a las oraciones de Telmo cuando se iban al mar, especialmente en tiempos de tormentas y vendavales. "¡Fray Telmo, encomiéndenos hoy que el tiempo está difícil!", le decían al embarcarse. El santo les prometía su oración y en plena mar brava cuando los remeros veían que se iban a hundir en las aguas formidables, exclamaban: "Dios mío, por las oraciones de fray Telmo, ¡sálvame!", y sentían que misteriosamente se libraban de aquellos inminentes peligros de muerte.

En la Semana Santa a principios de abril, al predicar un sermón se despidió de sus oyentes, avisándoles que muy pronto pasaría a la eternidad. Apenas tenía 55 años cuando su salud estaba muy débil a causa de tantos sacrificios y largas horas de estudio y frecuentísimas predicaciones. El 14 de abril de 1240, se durmió en este mundo y despertó para empezar la vida eterna en el cielo.

Oración Cuando las olas de nuestras tentaciones y los huracanes de las pasiones quieran hundir la débil navecilla de nuestra alma, san Telmo bendito: ruega a Cristo por nosotros para que seamos salvos y logremos llegar al puerto de la eternidad feliz.

63

SAN VALENTÍN

Fecha: 14 de febrero.
Patrono de los novios, matrimonios, apicultores, viajeros y de los jóvenes.

El nombre deriva de *Valentinus*, que significa "Aquel que posee gran fortaleza".

Valentín, obispo de Interamna Nahartium, hoy Terni en Umbria, Italia, no tuvo miedo en confesarse creyente y se entregó por entero a las parejas. Las visitaba en secreto para casarlos lejos de la mirada de los crueles súbditos del emperador Claudio II, El Gótico, que llegó a prohibir el amor entre los humanos.

La voz de Valentín corría como el viento por las orillas del Tíber y de las colinas romanas. Los jóvenes, valientes y decididos a formar una familia, acudían a él para recibir el sacramento. Les hablaba, les escribía cartas de amor y con su simpatía y su juventud, se traía de calle a todos los enamorados.

Valentín fue encarcelado por segunda vez bajo Aureliano, quien sucedió a Claudio II. Mientras estuvo en la cárcel esperando su muerte, el carcelero se dio cuenta de sus cualidades. Le presentó a su hija Julia, ciega de nacimiento. Valentín le enseñó las primeras letras, los rudimentos del saber y, por supuesto, le habló de Dios. Le dijo a la niña que orase a Dios para que le diese la vista. En un momento determinado, le cogió la mano a Valentín y le dijo: ¡"Yo creo, yo creo!" La luz de la prisión le entró por sus inocentes y maravillosos ojos. Él, viéndola feliz, le dijo que mantuviera su fe por encima de todo.

Valentín murió degollado por mano del soldado romano Furius Placidus, como una de las órdenes del emperador Aureliano y enterrado en la que es iglesia de santa Práxedes, cerca del Coliseo.

Oración Dios Todopoderoso que diste al sacerdote san Valentín el coraje para ser tu testigo aun a costa de su propia vida y de predicar sin temor tu palabra, te pedimos que a ejemplo suyo, prediquemos con valor el Evangelio y seamos tus testigos hasta los confines del mundo. Por Jesucristo, tu Hijo, Nuestro Señor. Amén.

64

SAN VICENTE DE PAUL

Fecha: 27 de septiembre.
Patrono de asociaciones y trabajadores de caridad; trabajadores de hospitales, enfermos de lepra, presos; artículos perdidos, ayuda espiritual, cuerpos de servicios vicentinos, voluntarios.

Nació san Vicente en el pueblecito de Pouy en Francia, en 1580. Su niñez la pasó en el campo, ayudando a sus padres en el pastoreo de las ovejas. Desde muy pequeño era sumamente generoso en ayudar a los pobres. Sus padres lo enviaron a estudiar con los padres franciscanos y luego a la Universidad de Toulouse, y a los 20 años, en 1600 fue ordenado de sacerdote.

Dice el santo que al principio de su sacerdocio lo único que le interesaba era hacer una carrera brillante, pero Dios lo purificó con tres sufrimientos muy fuertes:

1º. El cautiverio. Viajando por el mar, cayó en manos de unos piratas turcos los cuales lo llevaron como esclavo a Túnez, donde estuvo tres años en continuos sufrimientos.

2º. La calumnia. Logró huir del cautiverio y llegar a Francia, y allí se hospedó en casa de un amigo, pero a éste se le perdieron 400 monedas de plata y le echó la culpa a Vicente y por meses estuvo acusándolo de ladrón ante todos los que encontraba. A los seis meses apareció el verdadero ladrón y se supo toda la verdad. San Vicente al narrar más tarde este caso a sus discípulos les decía: "Es muy provechoso tener paciencia y saber callar y dejar a Dios que tome nuestra defensa".

3º. La tercera prueba fue una terrible tentación contra la fe, que aceptó para lograr que Dios librara de esa tentación a un amigo suyo. Esto lo hizo sufrir hasta lo indecible y fue para su alma "la noche oscura".

A los 30 años tuvo a bien escribirle a su madre que, amargado por los desengaños humanos, piensa pasar el resto de su vida retirado en una humilde ermita. Cae a los pies de un crucifijo, consagra su vida totalmente a la caridad para con los necesitados, y es entonces cuando empieza su verdadera historia gloriosa.

Hace voto o juramento de dedicar toda su vida a socorrer a los necesitados, y en adelante ya no pensará sino en los pobres. Se pone bajo la dirección espiritual del padre Berule, sabio y santo, hace retiros espirituales por bastantes días y se lanza al apostolado que lo va a volver famoso.

San Vicente contaba a sus discípulos: "Tres veces hablé cuando estaba de mal genio y con ira, y las tres veces dije barbaridades". Por eso cuando le ofendían permanecía siempre callado, en silencio como Jesús en su santísima Pasión.

Se propuso leer los escritos del amable san Francisco de Sales y éstos le hicieron mucho bien y lo volvieron manso y humilde de corazón. El santo fundó en todas partes a donde llegaba, unos grupos de caridad para ayudar e instruir a la gente más pobre. Pero se dio cuenta de que para dirigir estas obras necesitaba a unas religiosas que le ayudaran y se encontró con la santa Luisa de Marillac, con quien fundó a las hermanas Vicentinas, que son ahora la comunidad femenina más numerosa que existe en el mundo.

San Vicente poseía una cualidad para lograr que la gente rica le diera limosnas para los pobres. Reunía a las señoras más adineradas de París y les hablaba con tanta convicción acerca de la necesidad de ayudar a quienes estaban en la miseria, que ellas daban cuanto dinero encontraban a la mano. Fundó varios hospitales y asilos para huérfanos. Recogía grandes cantidades de dinero y lo llevaba a los que habían quedado en la miseria a causa de la guerra. San Vicente caminaba muy agachadito y un día por la calle no vio a un hombre que venía en dirección contraria y le dio un cabezazo. El otro le dio un terrible bofetón. El santo se arrodilló y le pidió perdón por aquella su falta involuntaria. El agresor averiguó quién era ese sacerdote y al día siguiente por la mañana estuvo en la capilla donde el santo celebraba misa y le pidió perdón llorando, y en adelante fue siempre su gran amigo. Se ganó esta amistad con su humildad y paciencia.

En sus últimos años su salud estaba muy deteriorada. El 27 de septiembre de 1660 pasó a la eternidad a recibir el premio prometido por Dios a quienes se dedican a amar y hacer el bien a los demás. Tenía 80 años.

Oración ¡Oh glorioso san Vicente, celeste Patrón de todas las asociaciones de caridad y padre de todos los desgraciados, que durante vuestra vida jamás abandonasteis a ninguno de cuantos acudieron a Vos! Mirad la multitud de males que pesan sobre nosotros, y venid en nuestra ayuda; alcanzad del Señor socorro a los pobres, alivio a los enfermos, consuelo a los afligidos, protección a los desamparados, caridad a los ricos, conversión a los pecadores, celo a los sacerdotes, paz a la Iglesia, tranquilidad a las naciones, y a todos la salvación. Sí, experimenten todos los efectos de vuestra tierna compasión, y así, por vos socorridos en las miserias de esta vida, nos reunamos con vos en el cielo, donde no habrá ni tristeza ni lágrimas ni dolor, sino gozo, dicha, tranquilidad y beatitud eterna. Amén.

65

SAN VICENTE FERRER

Fecha: 5 de abril.
Patrono de los fabricantes de ladrillos, trabajadores en la construcción, trabajadores de pavimentos, fontaneros, fabricantes de tejas.

Nació en 1350 en Valencia, España. Sus padres le inculcaron desde muy pequeñito una fervorosa devoción hacia Jesucristo y a la Virgen María y un gran amor por los pobres. Le encargaron repartir las cuantiosas limosnas que la familia acostumbraba dar. Así lo fueron haciendo amar el dar ayudas a los necesitados. Lo enseñaron a hacer una mortificación cada viernes en recuerdo de la Pasión de Cristo, y cada sábado en honor de la Virgen Santísima. Estas costumbres las ejercitó durante toda su vida. Se hizo religioso en la Comunidad de los Padres Dominicos y, por su gran inteligencia, a los 21 años ya era profesor de filosofía en la universidad.

Durante su juventud el demonio lo asaltó con violentas tentaciones y, además, como era bien parecido, varias mujeres de dudosa conducta se enamoraron de él y como no hizo caso a sus zalamerías, le inventaron terribles calumnias contra su buena fama. Cuando era un simple diácono lo enviaron a predicar a Barcelona. La ciudad estaba pasando por un periodo de hambre y los barcos portadores de alimentos no llegaban. Entonces Vicente en un sermón anunció una tarde que esa misma noche llegarían los barcos con los alimentos tan deseados. Al volver a su convento, el superior lo regañó por dedicarse a hacer profecías de cosas que él no podía estar seguro de que iban a suceder. Pero esa noche llegaron los barcos, y al día siguiente el pueblo se dirigió hacia el convento a aclamar a Vicente, el predicador. Los superiores tuvieron que trasladarlo a otra ciudad para evitar desórdenes.

Vicente recorrió el norte de España, el sur de Francia, el norte de Italia, y Suiza, predicando incansablemente, con enormes frutos espirituales, durante treinta años.

Los primeros convertidos fueron judíos y moros. Dicen que convirtió a más de 10 000 judíos y otros tantos musulmanes o moros en España. Sus sermones duraban casi siempre más de dos horas, pero los oyentes no se cansaban ni se aburrían porque hablaba con tal emoción y de temas tan propios para esas personas, y con frases tan propias de la Biblia, que a cada uno le parecía que el sermón había sido compuesto para ellos en particular.

Antes de predicar rezaba por cinco o más horas para pedir a Dios la eficacia de la palabra, y conseguir que sus oyentes se transformaran al oírle. Dormía en el suelo, ayunaba frecuentemente y se trasladaba a pie de una ciudad a otra. Después de sus predicaciones lo seguían dos grandes procesiones: una de hombres convertidos, rezando y llorando, alrededor de una imagen de Cristo Crucificado; y otra de mujeres alabando a Dios, alrededor de una imagen de la Santísima Virgen. Estos dos grupos lo acompañaban hasta el próximo pueblo a donde el santo iba a predicar, y allí le ayudaban a organizar aquella misión y con su buen ejemplo conmovían a los demás.

Como la gente se lanzaba hacia él para tocarlo y quitarle pedacitos de su hábito para llevarlos como reliquias, tenía que pasar por entre las multitudes, rodeado de un grupo de hombres encerrándolo y protegiéndolo entre maderos y tablas.

El tema en que más insistía era el Juicio de Dios que espera a todo pecador. La gente lo llamaba *El ángel del Apocalipsis*, porque continuamente recordaba a la gente lo que el libro del Apocalipsis enseña acerca del Juicio Final que nos espera.

Los milagros acompañaron a san Vicente en toda su predicación. Uno de ellos era hacerse entender en otros idiomas, aunque él solamente hablaba su lengua materna y el latín. Sucedía con frecuencia que la gente de otros países le entendía perfectamente como si les estuviera hablando en su propio idioma.

San Vicente se mantuvo humilde a pesar de la enorme fama y de la gran popularidad que le acompañaban, y de las muchas alabanzas que le daban en todas partes. Decía que su vida no había sido sino una cadena interminable de pecados. Los últimos años, ya lleno de enfermedades, lo tenían que ayudar a subir al sitio donde iba a predicar. Murió en plena actividad predicadora, un miércoles de Ceniza, 5 de abril de 1419.

Oración ¡Amantísimo Padre y Protector mío, san Vicente Ferrer! Alcánzame una fe viva y sincera para valorar debidamente las cosas divinas, rectitud y pureza de costumbres como la que tú predicabas, y caridad ardiente para amar a Dios y al prójimo. Tú, que nunca dejaste sin consuelo a los que confían en ti, no me olvides en mis tribulaciones. Dame la salud del alma y la salud del cuerpo. Remedia todos mis males. Y dame la perseverancia en el bien para que pueda acompañarte en la gloria por toda la eternidad. Amén.

66

SANTA ÁGUEDA

Fecha: 5 de febrero.
Patrona de las enfermeras.

Nació en Catania o en Palermo hacia 230, de nobles y ricos padres, dedica su juventud al servicio del Señor, a quien no duda en ofrecer no ya sólo su vida, sino también su virginidad y las gracias con que profusamente se veía adornada. Águeda, como, Cecilia, Inés, Catalina, prefiere seguir el camino de las vírgenes, dando de lado las instituciones y promesas que pudieran ofrecerle sus admiradores.

Vivió en tiempos de persecución, cuando el trono de Roma era ocupado por un príncipe ladino, Decio, que pretendía deshacer en sus mismas raíces toda la semilla de los cristianos, extendida ya en aquel entonces por todos los ámbitos del Imperio. Decio, *execrable animal*, como le llama Lactancio, comprendió la inutilidad de hacer tan sólo mártires entre los cristianos, y organizó en manera sistemática su total exterminio. Sólo como en último recurso se les condenaba a muerte. Por el año 250 hizo que se publicara un edicto general en el Imperio, por el que se citan a los tribunales, con el fin de que sacrificaran a los dioses, a todos los cristianos de cualquier clase y condición, hombres, mujeres y niños, ricos y pobres, nobles y plebeyos. Era suficiente, para quedar libres, arrojar unos granitos de incienso en los pebeteros que arden delante de las estatuas paganas, o que participaran de los manjares consagrados a los ídolos. Al que se negara se le privaba de su condición de ciudadano, se le desposeía de todo, se le condenaba a las minas, a las trirremes y a la misma esclavitud. Esto lo vivió santa Águeda, quien entonces residía en Catania, donde mandaba, en nombre del emperador, el déspota Quinciano, gobernador de la isla de Sicilia.

Obedeciera o no a esta medida, Águeda, como tantos cristianos de la isla, fue llevada ante el tribunal para que prestara también su sacrificio a los dioses. La santa no temía a la muerte. Decidida y llena de fe y de confianza, ofreció de nuevo al Señor su virginidad y se preparó para el martirio. No eran éstos, sin embargo, los propósitos inmediatos del procónsul que, para forzar su voluntad e intimidarla, la puso en manos de una mujer liviana y perversa, y en compañía de otras de su misma condición. Durante treinta días estuvo la santa con ellas, pero no pudieron desviarla de seguir en su propósito de ser esposa de Jesucristo. Quinciano mandó a que la sometieran al rudo tormento de los azotes, y ya despechado, sin tener en cuenta los sentimientos más elementales de humanidad, hace que allí mismo vayan quemando los pechos de la virgen, y se los corten después de su misma raíz. Deshecha en su cuerpo y en los espasmos de un fiero dolor, es arrojada la santa en el calabozo, donde a medianoche se le aparece un anciano venerable, que le dice dulcemente: "El mismo Jesucristo me ha enviado para que te sane en su nombre. Yo soy Pedro, el apóstol del Señor" y Águeda queda curada.

Quinciano quiere tentar la última prueba. Allí mismo prepara una hoguera de carbones encendidos y hace extender el cuerpo desnudo de la santa sobre las brasas. En esto, un espantoso terremoto se extiende por toda la ciudad. Mueren algunos amigos del gobernador. Quinciano manda se lleven de su presencia a la heroica doncella, que está casi a medio expirar. Cuando la vuelven a meter en el calabozo, su alma se le va saliendo por las heridas, y después de balbucir: descansa tranquila en la paz de su martirio y de su virginidad. Era el 5 de febrero del año 251, último de la persecución de Decio.

Las reliquias de santa Águeda reposaron en un principio en Catania, pero ante el temor de los sarracenos fueron llevadas por un tiempo a Constantinopla, de donde se rescataron por fin en 1126.

Oración Señor, Creador mío, desde la cuna me has protegido siempre, me has apartado del amor del mundo y me has dado paciencia para sufrir, recibe esta oración como prueba de resignación y a la vez esperanza. Así sea…

67

SANTA ANA

Fecha: 26 de julio.
Patrona de las mujeres en parto, carpinteros, personas sin hijos, caseros, amas de casa, abuelas, artículos perdidos, mineros, madres, pobreza, mujeres embarazadas. Patrona de Québec.

Santa Ana por ser la madre de la Virgen María, predestinada desde toda la eternidad para ser madre de Dios, la santificada desde su concepción, Virgen sin mancilla y mediadora de todas las gracias. Nieto de santa Ana fue el hijo de Dios hecho hombre.

La santidad de Ana es muy grande por las muchas gracias que Dios le concedió. Su nombre significa *gracia* y es conocida en hebreo como Hannah. Dios la preparó con magníficos dones y gracias. Como las obras de Dios son perfectas, era lógico que Él la hiciese madre digna de la criatura más pura, superior en santidad a toda criatura e inferior solo a Dios.

Santa Ana tenía celo por hacer obras buenas y esforzarse en la virtud. Amaba a Dios sinceramente y se sometió a su santa voluntad en todos los sufrimientos, como fue su esterilidad por veinte años, según cuenta la tradición. Esposa y madre, fue fiel cumplidora de sus deberes con el esposo y su hija María. Todo lo que se conoce sobre su vida, incluso su nombre, está basado en los evangelios apócrifos, los cuales no fueron admitidos por la Iglesia dentro de las Sagradas Escrituras, debido a que tienen gran cantidad de fantasía y hechos no comprobados. Según el Protoevangelio de Santiago, Joaquín y Ana eran una pareja acomodada, pero estéril. Joaquín fue rechazado al llevar su ofrenda al templo por no tener descendencia. Apenado, Joaquín no volvió a su casa, sino que se dirigió a una montaña, donde rogó a Dios que le diera un hijo ayunando durante 40 días y 40 noches; Ana, mientras tanto, lloraba su dolor. Entonces un ángel se les apareció anunciando que sus ruegos habían sido escuchados y que concebirían un hijo.

Ana prometió dedicar al niño al servicio de Dios y cumplidos los nueve meses dio a luz a una niña a la que llamó María. Al cumplir los tres años, Joaquín y Ana llevaron a María al templo para consagrarla a Dios como habían prometido. María vivió en el templo hasta que cumplió los 12 años, edad en la que fue entregada a José como esposa.

Oración Gloriosa santa Ana, Patrona de las familias cristianas, a Ti encomiendo mis hijos. Se que los he recibido de Dios y que a Dios les pertenecen, por tanto, te ruego me concedas la gracia de aceptar lo que su Divina Providencia disponga para ellos. Bendíceles, oh, Misericordiosa santa Ana, y tómalos bajo tu protección. No te pido para ellos privilegios excepcionales; sólo quiero consagrarte sus almas y sus cuerpos, para que preserves ambos de todo mal. A Ti confío sus necesidades temporales y su salvación eterna.

Imprime a sus corazones, mi buena santa Ana, horror al pecado; apártales del vicio; presérvales de la corrupción; conserva en su alma la fe, la rectitud y los sentimientos cristianos; y enséñales, como enseñaste a Tu Purísima Hija la Inmaculada Virgen María, a amar a Dios sobre todas las cosas.

Santa Ana, Tú que fuiste Espejo de Paciencia, concédeme la virtud de sufrir con paciencia y amor las dificultades que se me presenten en la educación de mis hijos. Para ellos y para mí, pido Tu bendición, oh, Bondadosa Madre Celestial.

Que siempre te honremos, como a Jesús y María; que vivamos conforme a la voluntad de Dios; y que después de esta vida hallemos la bienaventuranza en la otra, reuniéndonos Contigo en la gloria para toda la eternidad. Así sea.

68

SANTA APOLONIA

Fecha: 9 de febrero.
Patrona de los dentistas. Se le invoca ante dolores de muelas y dientes.

En Alejandría vivió una cristiana bautizada desde pequeña y educada en la fe por sus padres. En los tiempos de su juventud decidió la renuncia voluntaria al matrimonio para dar su vida entera a Jesús. Se llama Apolonia, hermana de un eminente magistrado de Alejandría. Mujer virgen de avanzada edad que siempre se caracterizó por las virtudes de castidad, piedad, caridad, austeridad y limpieza de corazón.

El gobernador de Alejandría, influido por un adivino que se hacía llamar Divino, ordenó injustas represalias contra los cristianos y su religión, ya que según el adivino, atentaban contra el Imperio y por consiguiente contra su monarca. Este adivino azuzó a las turbas paganas provocando muerte y destrucción a los cristianos que allí vivían.

En una de esas pesquisas capturaron a santa Apolonia y la sometieron a horribles torturas para que dijera una serie de improperios y blasfemias contra Cristo. Al negarse, la turba se enojó y un despiadado perseguidor cristiano le lanzó un poderoso golpe a la cara rompiéndole de esta forma sus dientes que se le cayeron en pedazos. La santa, con la cara sangrienta, no escuchó ni obedeció a sus torturadores y éstos, en vista que no conseguirían nada, decidieron amenazarla con una enorme hoguera a las puertas de la ciudad, amenazándola con que si no rechazaba a Cristo, sería quemada atada a un palo.

Exhausta, santa Apolonia, hace suponer que iba a pensar lo que se le proponía y les pidió que le desataran las manos para elevar sus últimas plegarias al cielo. Los soldados lo hicieron. Entonces santa Apolonia saltó a la hoguera ardiente para evitar renunciar a su amada religión. Mientras tanto, la santa les decía que cuando sufrieran de problemas y dolencias dentales, invocaran su nombre, pues ella intercedería ante el Todopoderoso para aliviar sus penas.

Los perseguidores, junto con el gobernador, quedaron atónitos al ver que a pesar del fuego, las llamas no la consumían ni le hacían daño alguno, al verlo trataron incansablemente de golpearla para que muriera, pero la mano del Altísimo la protegía. Finalmente fue degollada.

Su imagen en frescos, pinturas o esculturas, se representa como una joven y hermosa virgen, que sostiene en su mano un fórceps con una molar extraída. Otros artistas la describen con un diente dorado colgado de su cuello.

A pesar que la santa era de oriente, la Iglesia occidental la venera, no así la oriente, ya que interpretan el acto de valentía de santa Apolonia como un acto suicida. Pero san Agustín nos explica, años más tarde, que se trató de un acto invocado por el Espíritu Santo lo que llevó a esta santa a comportarse así.

Su muerte se dio en 249, pero no fue sino hasta 50 años después que la canonizaron. Los cristianos recogieron entre las cenizas lo poco que quedó de sus despojos. Los dientes fueron recogidos como reliquias que distribuyeron por las iglesias.

En *El Quijote* se menciona a santa Apolonia y su oración a la que alude el Bachiller Sansón Carrasco. Dice Rodríguez Marín, al que menciona Castillo, que fue su discípulo, que aquella oración que ha llegado hasta nuestros días es el encuentro entre santa Apolonia y la Virgen María. Se trata de una mezcla de superstición y religión; es más bien un ensalmo que una oración. Dice así:

A la puerta del cielo Polonia estaba, y la Virgen María allí pasaba. Diz: "Polonia qué haces. ¿Duermes o velas? Señora mía, ni duermo ni velo; que de un dolor de muelas me estoy muriendo". Por la estrella de Venus y el sol poniente, por el Santísimo Sacramento que tuve en mi vientre que no te duela más ni muela ni diente.

Oración Bendita santa Apolonia, que por tu virginidad y martirio merecisteis del Señor ser instituida abogada contra el dolor de muelas y dientes; te suplicamos fervorosos intercedas con el Dios de la misericordia para que esta criatura (nombre de la persona) sea sanada. Señor, concede benigno a la súplica que te dirigimos. Amén.

69

SANTA BÁRBARA

Fecha: 2 de diciembre.
Patrona de los bomberos y de quienes utilizan explosivos, artificieros, mineros y de los militares que pertenecen a la artillería. Se le asocia con el rayo y es invocada durante las tempestades.

Según la leyenda habría nacido en Nicomedia, cerca del mar de Mármara. Era hija de un tipo de tremendo mal genio llamado Dióscoro. Como ella no quería creer en los ídolos paganos de su padre, éste la encerró en un castillo, al cual le había mandado colocar dos ventanas. Otra leyenda dice que fue para evitar que los hombres admiraran su belleza y la sedujeran. La santa mandó a los obreros a que añadieran una tercera ventana para acordarse de las Tres Divinas personas de la Santísima Trinidad. Pero esto enfureció más a su papá.

Las versiones respecto a su martirización también varían. Una versión dice que al no aceptar casarse con ningún pagano, el furioso Dióscoro permitió que la martirizaran cortándole la cabeza con una espada los enemigos de la religión. Por eso la pintan con una espada, y con una palma y con una corona, porque se ganó el reino de los cielos.

Otra versión dice que su martirio fue el mismo que el de san Vicente Mártir: habría sido atada a un potro, flagelada, desgarrada con rastrillos de hierro, colocada en un lecho de trozos de cerámica cortantes, quemada con hierros al fuego. También existe la versión de que su padre la habría enviado al juez, quien la mandó decapitar, versión que no incluye el rayo; por ello la primera versión es más explicativa de los patronatos que ejerce. El mismo Dióscoro, finalmente, la habría decapitado en la cima de una montaña, donde un rayo lo alcanzó y lo mató.

Añade la antigua tradición que lo último que santa Bárbara pidió a Dios fue que bendijera y ayudara a todos los que recordaran su martirio.

Oración Protectora Madre Divina de vientos y tempestades, guía mis pasos. Penetra en mi alma y examínala, verás que mis intenciones son buenas y nobles y que sólo se encaminan hacia el bien (hacer petición). Con resignación acepto tus decretos, esperando que mi petición sea atendida satisfactoriamente, petición que expongo con toda verdad y sinceridad de mi corazón. Hágase tu voluntad. Amén.

70

SANTA BERNARDITA SOUBIROUS

Fecha: 18 de febrero.
Patrona de enfermos, pobres, pastoras y pastores. Se le invoca en caso de enfermedades del cuerpo. También es patrona de Lourdes.

Nació en Lourdes, Francia, en 1844. Hija de padres supremamente pobres. En el bautismo le pusieron por nombre María Bernarda (nombre que ella emplearía después, cuando fue religiosa) pero todos la llamaban Bernardita. Era la mayor de varios hermanos. Sus padres vivían en un sótano húmedo y miserable, y el padre tenía por oficio botar la basura del hospital.

La niña tuvo siempre muy débil salud a causa de la falta de alimentación, y del estado lamentablemente pobre de la habitación donde moraba. En los primeros años sufrió la enfermedad de cólera, que la dejó debilitada. A causa también del clima terriblemente frío en invierno en aquella región, Bernardita adquirió desde los diez años la enfermedad del asma y al final de su existencia sufría también de tuberculosis.

A los 14 años no sabía leer ni escribir ni había hecho la Primera Comunión porque no había logrado aprenderse el catecismo, pero tenía grandes cualidades: rezaba mucho a la Virgen y jamás decía una mentira. La santísima Virgen se le apareció 18 veces a Bernardita. Nuestra Señora le dijo: "No te voy a hacer feliz en esta vida, pero sí en la otra". Y así sucedió. La vida de la jovencita, después de las apariciones estuvo llena de enfermedades, penalidades y humillaciones, pero con todo esto fue adquiriendo un grado de santidad tan grande que se ganó enorme premio para el cielo.

La gente le llevaba dinero, después de que supieron que la Virgen Santísima se le había aparecido, pero ella jamás quiso recibir nada. Nuestra Señora le había contado tres secretos, que ella jamás quiso contar a nadie. Probablemente uno era que no debería recibir dineros ni regalos de nadie y el otro, que no hiciera nunca nada que atrajera hacia ella las miradas. Por eso se conservó siempre muy pobre y apartada de toda exhibición.

Bernardita pidió ser admitida en la Comunidad de Hijas de la Caridad de Nevers. En la comunidad hizo de enfermera y de sacristana, y después por nueve años estuvo sufriendo dos muy dolorosas enfermedades: el asma y la tuberculosis. Cuando llegaba el invierno se ahogaba continuamente y su vida era un continuo sufrir.

Cuando le quedaba poco tiempo de vida, llegó un obispo a visitarla y le dijo que iba camino de Roma, que le escribiera una carta al santo Padre para que le enviara una bendición, y que él la llevaría personalmente. Bernardita, con mano temblorosa, escribió: "Santo Padre, qué atrevimiento, que yo una pobre hermanita le escriba al Sumo Pontífice, pero el señor obispo me ha mandado que lo haga. Le pido una bendición especial para esta pobre enferma". A vuelta del viaje el señor obispo le trajo una bendición especialísima del Papa y un crucifijo de plata que le enviaba de regalo el Santo Padre.

El 16 de abril de 1879, exclamó emocionada: "Yo vi a la Virgen. Sí, la vi, la vi ¡Qué hermosa era!" Y después de unos momentos de silencio exclamó emocionada: "Ruega Señora por esta pobre pecadora", y apretando el crucifijo sobre su corazón murió. Tenía apenas 35 años.

Oración ¡Oh bienaventurada Bernardita! Acuérdate que la Virgen te dijo en la Gruta: "Ruega por los pecadores", para que se conviertan y hagan penitencia. Ruega por mí, pecador, para que Dios perdone mis pecados. Ruega por mí a María Inmaculada, pues confío en que te concederá cuanto le pidas, porque fuiste su confidente en la Gruta de Lourdes. Así como Ella te prometió hacerte feliz en el otro mundo, te concederá que hagas felices a los que devotamente acudan a ti. A ti, pues, acudo humildemente, suplicándote no me dejes ni me abandones hasta verme contigo en el cielo. Amén.

SANTA CATALINA DE SIENA

Fecha: 29 de abril.
Patrona de los bomberos, enfermeras, contra el fuego, prevención de incendios, abortos, personas ridiculizadas por su fe, tentaciones sexuales, tentaciones, enfermedades. Doctora de la Iglesia.

Nació en Siena, Italia, en 1347, siendo la hija menor en un hogar de 25 hijos. De su padre heredó la bondad inalterable de corazón, la caridad para con los pobres. De su madre heredó un gran amor por el trabajo y una admirable energía para emprender labores arduas y vencer dificultades.

A los seis años, Catalina tuvo la primera experiencia sobrenatural. Era una niña alegre, bulliciosa y vivaracha. Al viajar con su hermano Esteban, de pronto se quedó como clavada en el suelo y no respondía a los llamados del hermano. Al fin éste logró a empujones sacarla de su éxtasis. La niña empezó a llorar pues se le había aparecido

Jesucristo en un trono de gloria, rodeado por los Apóstoles san Pedro, san Pablo y san Juan y le había pedido que dedicara su vida entera a amarlo a Él y a hacerlo conocer y amar por los demás.

Por consejo de sus padres y ante la insistencia continua de su hermana, Catalina empieza a arreglase, vestir a la moda, a teñirse el pelo y a llenarse de coloretes. Su hermana, que estaba recién casada, murió al dar a luz el primer hijo. Ante el cadáver de esa joven a la cual ella tanto amaba, Catalina prometió que no buscaría más lo mundanal y material sino solamente lo espiritual y sobrenatural. Entonces se corta su larga cabellera, deja de adornarse y se retira frecuentemente a una piecita solitaria del solar de su casa, a orar, meditar y hacer penitencia. Sólo que sus padres y hermanos desean para ella un brillante matrimonio y se dedican a hacerle insoportable esa vida de espiritualidad. La humillan, le dejan todos los oficios más humillantes de esa inmensa casa, y llega a ser una pobre y simple sirvienta y cocinera de sus numerosos familiares.

Las Terciarias dominicas, una asociación de laicos, admitieron a Catalina cuando ya había cumplido sus 15 años. Sus primeros cuatro años de Terciaria Dominica son de intensos sufrimientos, persecuciones de los familiares, burlas, calumnias e incomprensiones de la gente. Sus instintos de maternidad renacen con toda la furia de la naturaleza juvenil.

Su padre se da cuenta de que su hija necesita libertad espiritual para dedicarse a sus oraciones, meditaciones y obras buenas y le concede permiso para seguir las inspiraciones que el cielo le está mandando y practicar la vida espiritual a la cual se siente llamada. Se construye de nuevo su antigua piecita en un rincón del solar de su casa y allí se dedica a orar, a meditar y a mortificarse.

Un día se le apareció Jesucristo acompañado de su santísima madre la Virgen María, y le acepta la consagración total que ella ha hecho de su vida en honor del Redentor y le coloca un anillo esponsal en un dedo de la mano, prometiéndole que su amistad será eterna y totalmente fiel. Desde ese día hasta su muerte, Catalina sentirá siempre en un dedo un anillo, que nadie ve, pero que ella siente perfectamente. Jesucristo le ha pedido que se dedique a atender a los pobres, a tratar de convertir pecadores y a dar buenos consejos a los que lo necesiten.

Hacia 1371, Catalina empezó una cruzada o movimiento nacional para obtener que el Papa volviera a la Ciudad Eterna, pues vivía fuera en Avignon y esto traía muchos males a la Iglesia Católica. En 1376 el Papa, por influencia de Catalina, vuelve a Roma.

A los 30 años aprendió a leer. Hasta ese entonces toda su ciencia la había aprendido oyendo a Dios y escuchando sermones y clases de catecismo. En 1378 redacta su famoso libro *Los Diálogos*.

El 29 de abril de 1380 muere en Roma, a la edad de 33 años.

Oración ¡Oh gloriosa Catalina!, a medida que os consideramos reconocemos en vos a la mujer fuerte de los Libros Santos, el prodigio de vuestro siglo, la antorcha luminosa de la Iglesia, la criatura dotada de incomparables dones y que supo reunir las dulces y modestas virtudes de las vírgenes prudentes a la intrepidez y al valor de los héroes. Volved, os rogamos, desde el cielo, vuestros ojos sobre la barca de Pedro, agitada por la tempestad, y sobre su augusto jefe, que ora, vela, gime, exhorta, combate y espera. Mostrad hasta donde llega vuestro poder cerca de Dios, obteniéndonos a todos el celo para adelantar en las virtudes evangélicas, especialmente en la humildad, la prudencia, la paciencia, la bondad y la diligencia en la práctica de los deberes de nuestro estado. Mantened la concordia de nuestra gran familia y convertid a la Fe a los incrédulos del mundo entero; obtened para nuestra patria la paz verdadera, es decir cristiana, para nuestra Santa Madre la Iglesia el triunfo completo sobre el mal, por la verdad, el sacrificio y la caridad. Amén.

72

SANTA CECILIA

Fecha: 22 de noviembre.
Patrona de los músicos, de los poetas y de los ciegos.

Una tradición muy antigua dice que pertenecía a una de las principales familias de Roma, que acostumbraba vestir una túnica de tela muy áspera y que había consagrado a Dios su virginidad. Sus padres la comprometieron en matrimonio con un joven llamado Valeriano, pero Cecilia le dijo a éste que ella había hecho voto de virginidad y que si él quería ver al ángel de Dios debía hacerse cristiano.

Las historias antiguas dicen que Cecilia veía a su ángel de la guarda. El alcalde de Roma, Almaquio, había prohibido sepultar los cadáveres de los cristianos, pero Valeriano se dedicó a sepultar todos los cadáveres de los cristianos que encontraban. Por eso fue arrestado, llevado ante el alcalde, éste le pidió que declarara que adoraba a Júpiter. Valeriano le dijo que únicamente adoraba al verdadero Dios del cielo y a su hijo Jesucristo. Entonces fue ferozmente azotado y luego le dieron muerte. En seguida arrestaron a Cecilia y le exigió que renunciara a la religión de Cristo. Ella declaró que prefería la muerte antes que renegar de la verdadera religión. Entonces fue llevada junto a un horno caliente para tratar de sofocarle con los terribles gases que salían de allí, pero en vez de asfixiarse ella cantaba gozosa.

Visto que con este martirio no podían acabar con ella, el cruel Almaquio mandó que le cortaran la cabeza. La santa, antes de morir le pidió al Papa Urbano que convirtiera su hermosa casa en un templo para orar, y así lo hicieron después de su martirio. Antes de morir, había repartido todos sus bienes entre los pobres.

En 1599 permitieron al escultor Maderna ver el cuerpo incorrupto de la santa y él fabricó una estatua en mármol de ella, muy hermosa, la cual se conserva en la iglesia de santa Cecilia, en Roma. Está acostada de lado y parece que habla.

Oración Señor, Dios Todopoderoso, que has creado el Cielo y la Tierra y el Mar y todo lo que en ellos hay. Alabanza, honor y gloria a tu nombre por los siglos. En ti residen para siempre, la verdad, la santidad, la gracia y la belleza. Esplendor y majestad irradia tu trono, fuerza y magnificencia adornan tu santuario. En tu palacio todo proclama: ¡Gloria! Tú has hecho todas las cosas bellas, y ellas manifiestan el esplendor de tu grandeza; sus acentos armoniosos resuenan en todo el Universo. A la voz de tu trueno, la tierra se pone a temblar; pero cuando el viento murmura a través de las hojas, cuando el manantial balbucea, es como un reflejo de tu gracia. Y cuando los pájaros hacen resonar sus cantos tan variados y tan melodiosos, percibimos como un eco de la música de tu voz. Tú has hecho nacer en nuestro corazón el deseo de celebrarte. Tú te complaces con nuestras alabanzas y aceptas nuestros cantos. Tú nos has dado la música como un medio privilegiado para expresar nuestros sentimientos: ¡Gracias por este regalo! Queremos utilizarlo para cantar tus alabanzas y para revelarte a los que viven sin esperanza. ¡Gracias por todos los salmos, los himnos y los cánticos compuestos por los que nos han precedido y por nuestros contemporáneos! ¡Gracias por los dones musicales que has dado a tu Iglesia, concédenos en tu amor, utilizarlos para tu Gloria! Desde aquí abajo Señor, queremos unir nuestras alabanzas, a aquellas que hacen resonar el coro de miles de ángeles que te celebran en el cielo, esperando el día glorioso, en el que entonaremos el cántico nuevo en compañía de los redimidos de todos los tiempos y lugares reunidos delante de Ti.

73

SANTA CLARA DE ASÍS

Fecha: 11 de agosto.
Patrona de los vidrieros, de los jueces, de las clarisas, de la televisión, de los pescadores, del buen tiempo. Invocada contra enfermedades oculares.

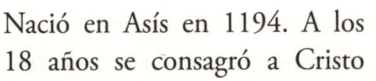

Nació en Asís en 1194. A los 18 años se consagró a Cristo haciéndose cortar los cabellos y vistiendo el sayo oscuro de la orden de san Francisco. Inició una vida de pobreza radical, renunciando a todo lo que tenía y prometiendo vivir sin poseer nada.

El ideal de san Francisco lo realizaba Clara y un grupo de mujeres de Asís y de toda Italia. Cuarenta y tres años vivió Clara este ideal sin salir del convento. En vida pudo ver cómo su orden se extendía por España. Dos veces logró hacer huir a los sarracenos, alistados en el ejército de Federico II, con sólo mostrarles desde la ventana del dormitorio la custodia con el Santísimo Sacramento o exhortando a las hermanas a la oración, estando totalmente inmovilizada a causa de sus continuos dolores.

Clara de Asís fue la primera mujer en escribir una regla y recibir aprobación del Papa. Murió en San Damián, a las afueras de Asís, el 11 de agosto de 1253. Fue canonizada solo dos años después por Alejandro IV.

Oración Por ese espíritu de penitencia que os indujo a considerar particular delicia el ayuno más severo, la pobreza más rigurosa y la mortificación más penosa y, por lo tanto, la privación de todos los bienes para consagraros eternamente al amor de Jesús. Y por la especial devoción a Jesús Sacramentado por medio del cual salvaste Vuestro Monasterio y la ciudad de Asís de los bárbaros que la amenazaban, concédenos la gracia de preferir la pobreza a la riqueza, la mortificación al placer y especial devoción a la Santa Eucaristía. Para que nos conforte en todo el camino de esta vida y nos lleve con seguridad a la santa eternidad. Amén.

74

SANTA CLOTILDE

Fecha: 22 de diciembre.
Patrona de las novias, los hijos adoptivos, los padres, exiliados y viudas.

La vida de nuestra santa la escribió san Gregorio de Tours, hacia 550. Era hija del rey de Borgoña, Chilberico, que fue asesinado por un usurpador el cual encerró a Clotilde en un castillo. Allí se dedicó a largas horas de oración y a repartir entre los pobres todas las ayudas que lograba conseguir. La gente la estimaba por su bondad y generosidad.

Clodoveo, el rey de los francos, supo que Clotilde estaba prisionera en el castillo y envió a uno de sus secretarios para que disfrazado de mendigo hiciera fila con los que iban a pedir limosnas, y le propusiera a Clotilde que aceptara el matrimonio secreto entre ella y Clodoveo. Aunque este rey no era católico, ella aceptó, con el fin de convertirlo al catolicismo. El rey Clodoveo anunció al usurpador que él había contraído matrimonio con Clotilde y que debía dejarla llevar a Francia. El otro tuvo que aceptar.

Las fiestas de la celebración solemne del matrimonio entre Clodoveo y Clotilde fueron muy brillantes. Un año después nació su primer hijo y Clotilde obtuvo de su esposo que le permitiera bautizarlo en la religión católica. Pero poco después el niñito se murió y el rey creyó que ello se debía a que él no lo había dejado en su religión pagana, y se resistía a convertirse. Ella, sin embargo, seguía ganando la buena voluntad de su esposo con su amabilidad y su exquisita bondad, y rezando sin cesar por su conversión.

Los alemanes atacaron a Clodoveo y éste en la terrible batalla de Tolbiac, exclamó: "Dios de mi esposa Clotilde, si me concedes la victoria, te ofrezco que me convertiré a tu religión". Y de manera inesperada su ejército derrotó a los enemigos.

En 511 murió Clodoveo y durante 36 años la viuda Clotilde luchó por tratar de que sus hijos se comporten de la mejor manera posible. Sin embargo la ambición del poder los llevó a hacerse la guerra unos contra otros y dos de ellos y varios nietos de la santa murieron a espada en aquellas guerras civiles por la sucesión.

San Gregorio de Tours dice que la reina Clotilde era admirada por todos a causa de su gran generosidad en repartir limosnas, por la pureza de su vida y sus largas y fervorosas oraciones, Después de la muerte de su esposo sí que en verdad vivió como una verdadera religiosa, pues desilusionada por tantas guerras entre los sucesores de su esposo, se retiró a Tours y allí pasó el resto de su vida dedicada a la oración y a las buenas obras, especialmente a socorrer a pobres y a consolar enfermos y afligidos.

Sus dos hijos Clotario y Chidelberto se declararon la guerra, y ya estaban los dos ejércitos listos para la batalla, cuando Clotilde se dedicó a rezar fervorosamente por la paz entre ellos. Pasó toda una noche en oración pidiendo por la reconciliación de los dos hermanos. Y sucedió que estalló entonces una tormenta tan espantosa que los dos ejércitos tuvieron que alejarse antes de recibir la orden de ataque.

A los 30 días de este suceso, murió plácidamente la santa reina y sus dos hijos Clotario y Chidelberto llevaron su féretro hasta la tumba del rey Clodoveo.

Oración Escuchadnos, oh Dios Salvador nuestro, y que la fiesta de la bienaventurada Clotilde, regocijando nuestra alma, desarrolle en ella los sentimientos de una tierna devoción. Por Jesucristo Nuestro Señor. Amén.

SANTA DOROTEA

Fecha: 6 de febrero.
Patrona de los jardineros, floristas, novios y recién casados.

En Cesarea de Capadocia nació Dorotea, cuando Diocleciano, a nombre del emperador Maximiano Galerio, regía los destinos del imperio romano. Dorotea era cristiana, amaba y servía al verdadero Dios y le honraba con el ayuno y la oración. Era muy atractiva, mansa, humilde, pero sobre todo, prudente y sabia. Quienes la conocían se maravillaban de sus dones y glorificaban a Dios por su sierva. Por su amor perfecto a Cristo alcanzó la corona de la virginidad inmaculada y la palma del martirio.

La fama de la santidad de Dorotea llegó a oídos del perseguidor de los cristianos Saprizio, el Prefecto, quien mandó a apresarla para interrogarla. Cuando se instaló el tribunal, trajeron a Dorotea quien, después de haber elevado su oración ante Dios, se mantuvo firme delante del Prefecto, argumentando su amor a dios. Saprizio le pidió que si quería regresar sana y salva a su casa, ofreciera el sacrificio a los dioses, de lo contrario le haría castigar por las leyes más severas, para escarmiento de los demás.

Ante esto Dorotea dio testimonio de temor de Dios, para que todos aprendieran a temer a Dios y no a los hombres airados que, como criaturas irracionales o perros rabiosos, se lanzan contra los hombres inocentes, se agitan, se inquietan, ladran insolentes y los desgarran con mordeduras. Entonces Saprizio, cuando vio que Dorotea estaba resuelta a mantenerse firme en su confesión inútil, le pidió que ofreciera sus sacrificios para que pudiera escapar del caballete de torturas. La sierva de Dios inmutable y firme, le interpeló: "¿Qué esperas? Haz lo que debes hacer, así podré ver a Aquel por cuyo amor no temo la muerte ni los tormentos".

Después Saprizio llamó a dos hermanas Crista y Calixta quienes, poco antes habían apostatado y les ordenó: "Así como vosotras abandonasteis la vanidad y la superstición cristiana y ya adoráis a los dioses invictos, por lo cual os recompensé; ahora debéis inducir a Dorotea a renunciar de su necedad, os premiaré con mejores regalos".

Llevaron a su casa a Dorotea y trataron de persuadirle pero fue inútil tratar de convencerla. Crista y Calixta se conmovieron de tal manera, que las dos mujeres se arrojaron a sus pies, bañadas en lágrimas y le suplicaron su intercesión para ofrecer a Dios su arrepentimiento y alcanzar el perdón. Saprizio se rasgó sus vestidos y ordenó furioso que las amarrasen juntas de espaldas y las pusieran en el suplicio de la copa, si no adoraban a los dioses, mas ellas elevaron su oración y repitiendo esta confesión fueron torturadas y quemadas vivas.

Luego Dorotea, al ser torturada nuevamente, comprendió que había llegado por fin su anhelada aspiración. Subió feliz al tormento, porque aquellas almas que el Demonio había raptado de Dios, en ese momento, habían sido reconquistadas. Saprizio hizo aplicar en los costados de la joven, antorchas encendidas, y luego la hizo abofetearla hasta desfigurar la cara. Finalmente dictó la sentencia de muerte: "A Dorotea, joven muy soberbia que se negó a adorar a los dioses inmortales para salvar su vida y más bien quiso morir por no sé qué hombre que se llama Cristo, ordeno la pena de muerte a espada".

La joven fue degollada, y, circundada con la gloria del martirio, fue al encuentro de Cristo.

Oración Que la bienaventurada Dorotea, virgen y mártir, implore por nosotros, oh Señor, vuestra misericordia, ella que siempre os fue agradable por la hermosura de su castidad y por su valentía en confesar vuestro Santo Nombre. Por Jesucristo Nuestro Señor.

76

SANTA EDUVIGIS

Fecha: 16 de octubre.
Patrona de los afligidos y deudores.

Una viuda con tres hijos y tres hijas, que se dedicaba a restaurar conventos y repartir ayudas con gran generosidad a los pobres, ésa fue Eduvigis, santa muy antigua pero muy popular todavía en muchas regiones de la tierra. Nació en Baviera, Alemania, en 1174.

Desde sus tiernos años colocó Dios en santa Eduvigis todos sus afectos; no obstante que le lisonjeaban los aplausos y delicias de la corte de Bertoldo, su padre, Marqués de Moravia.

Puesta en estado de matrimonio con Enrique, duque de Polonia, igual suyo así en la soberanía como en la piedad, movió a éste con sus ejemplos a cultivar las virtudes propias de un príncipe cristiano. Por consejo de ella, su marido fundó varios conventos de religiosas, y para construirlos llevaba a los bandidos que estaban en las cárceles, y así les hacía ser útiles a la patria.

Educó a sus hijos en el temor divino y logró que todos vivieran arreglados a la ley del Señor. Alcanzó de su esposo licencia para vivir en castidad y el buen Enrique, a imitación de su esposa, se obligó también a guardarla. Casi treinta años vivieron estos consortes como ángeles. Luego de la muerte de su esposo, se hizo religiosa.

Los largos años de su vejez los empleó en fundar conventos y en ayudar a los pobres. En los conventos pasaba muchas temporadas viviendo como la más observante de las monjas.

Oraba sin intermisión y derramando su corazón cierta vez ante un crucifijo, vio que, desclavando de la cruz la mano diestra, Jesús le daba su bendición y oyó que le decía: "He escuchado tu oración, alcanzarás lo que pidas".

Todo lo daba para los necesitados. Mortificaba su cuerpo con sangrientas penitencias. Andaba descalza sobre la nieve y los pies le sangraban. Llevaba un par de zapatos en la cintura por si venía alguna persona, calzárselos y que así no se dieran cuenta de la penitencia que hacía. Un día un sacerdote le dio un par de zapatos nuevos y le dijo: "le pongo como penitencia el llevarlos siempre puestos". Días más tarde la encontró descalza. "¿No le dije que debía llevar los zapatos puestos?" Ella le respondió: "Sí, los llevo puestos en un maletín que llevo a las espaldas". Y los sacó de allí.

Aseguró a doncellas, dotó a monjas, amparó a religiosas y en el mundo, por su caritativa compasión, se constituyó deudora de los desvalidos; pero especialmente se esmeró con trece pobres, que en la honra de su Divino Jesús y sus doce apóstoles, agregó a su familia y a los cuales llevaba siempre consigo, para servirles y regalarles.

A una religiosa ciega la curó al imponerle las manos y rezar por ella. A varias personas les anunció lo que les iba a suceder en lo futuro. Ella misma supo con anticipación la fecha de su muerte. Pidió la Unción de los enfermos, cuando no parecía sufrir de enfermedad grave. Y en verdad que ya iba a morir y nadie lo imaginaba.

Amó tiernísimamente a María Santísima, de quien traía siempre consigo una pequeña imagen que le cabía en el puño, y fue caso prodigioso que habiendo muerto con ella en la mano, no fue posible quitársela. Lo más admirable fue que, trasladándose el cadáver después de muchos años, se le halló con la imagen empuñada, y los dedos con los que la tenía, incorruptos. Murió el 15 de octubre de 1243 a los 65 años de edad.

Oración ¡Oh, Dios! Que enseñaste a la bienaventurada Eduvigis a renunciar de todo corazón a las pompas del mundo, por seguir con humildad el camino de tu cruz; concédenos por sus méritos que aprendamos, a ejemplo suyo a menospreciar las perecederas delicias de este siglo y a vencer por tu amor todas las adversidades de esta vida. Por Jesucristo, Nuestro Señor. Amén.

77

SANTA ELENA

Fecha: 18 de agosto.
Patrona de los arqueólogos, conversos, matrimonios en dificultades, personas separadas.

Nació en 270 en Bitinia, hacia el sur de Rusia, junto al Mar Negro. Era hija de un hotelero. Sucedió que llegó por esas tierras un general muy famoso del ejército romano, llamado Constancio Cloro y se enamoró de Elena y se casó con ella. De su matrimonio nació un niño llamado Constantino que se iba a hacer célebre en la historia por ser el que concedió la libertad a los cristianos. Cuando ya llevaban un buen tiempo de matrimonio sucedió que el emperador de Roma, Maximiliano, ofreció a Constancio Cloro nombrarlo su más cercano colaborador, pero con la condición de que repudiara a su esposa Elena y se casara con la hija de Maximiliano. Constancio, con tal de obtener tan alto puesto repudió a

Elena. Y así ella tuvo que estar durante 14 años abandonada y echada a un lado.

Al morir Constancio Cloro, fue proclamado emperador por el ejército el hijo de Elena, Constantino, y después de una fulgurante victoria obtenida contra los enemigos en el puente Milvio, en Roma el nuevo emperador decretó que la religión católica tendría en adelante plena libertad y con este decreto terminaron tres siglos de crueles y sangrientas persecuciones que los emperadores romanos habían hecho contra la Iglesia de Cristo.

Constantino amaba inmensamente a su madre Elena y la nombró Augusta o emperatriz, y mandó hacer monedas con la figura de ella, y le dio plenos poderes para que empleara el dinero del gobierno en las obras buenas que ella quisiera.

Elena, quien se había convertido al cristianismo, se fue a Jerusalén, y allá, con los obreros, que su hijo el emperador le proporcionó, se dedicó a excavar en el sitio donde había estado el monte Calvario y allá encontró la cruz en la cual habían crucificado a Jesucristo.

En Tierra Santa hizo construir tres templos: uno en el Calvario, otro en el monte de los Olivos y el tercero en Belén. Gastó su vida en hacer obras buenas por la religión y los pobres.

Oración Amabilísimo Redentor de mi alma, Jesús de mi corazón, que desde el cielo bajaste a la tierra, a buscar y hallar la santísima Cruz en que padeciste tantas y tantas penas, para que por ellas gozáramos eterna gloria; te ruego por los misterios altísimos de tu Santísima Cruz y por la preciosísima sangre que por mí en ella derramaste, me concedas todos los bienes que produjo aquel árbol de vida, para el bien, provecho y remedio de nuestras almas y por este medio pueda merecer, como te lo ruego, por todos los misterios de la Santa Cruz, vivir sin ofenderte y morir en tu gracia, para ir a gozar al cielo los frutos de tu Santísima Cruz.

¡Oh mi Dios, mi Salvador y Glorificador!, pues fuiste tan liberal y bienhechor en aquel madero santo, que derramaste toda tu preciosa sangre para mi remedio, derrama sobre mi alma, a la hora de mi muerte, una gota para que muera en tu gracia y asistiéndome entonces nuestra protectora y abogada Santa Elena, con su intercesión, nos alcances lo que te pedimos en esta oración, y fuere más conveniente a tu mayor honra, gloria y provecho de nuestras almas, con cuyo patrocinio esperamos buscar con fervor y hallar con provecho la hora de nuestra muerte, los frutos preciosos con que nos convida tu Cruz, para morir en tu gracia y gozarte siempre en la bienaventuranza. Amén.

78

SANTA FRANCISCA DE ROMANA

Fecha: 9 de marzo.
Patrona de los conductores.

Nació en Roma en 1384. Sus padres eran sumamente ricos y muy creyentes y la niña creció en medio de todas las comodidades, pero muy bien instruida en la religión. Desde muy pequeñita su mayor deseo fue ser religiosa, pero los padres no aceptaron esa vocación sino que le consiguieron un novio de una familia muy rica y la hicieron casarse con él.

Francisca, aunque amaba inmensamente a su esposo, sentía la nostalgia de no poder dedicar su vida a la oración y a la contemplación, en la vida religiosa. Un día su cuñada, llamada Vannossa, la vio llorando y le preguntó la razón de su tristeza. Francisca le contó que ella sentía una inmensa inclinación hacia la vida religiosa pero que sus padres la habían obligado a formar un hogar. Entonces la cuñada le dijo que a ella le sucedía lo mismo, y le propuso que se dedicaran a las dos vocaciones: ser unas excelentes madres de familia, y a la vez, dedicar todos los ratos libres a ayudar a los pobres y enfermos, como si fueran dos religiosas. Y así lo hicieron. Con el consentimiento de sus esposos, Francisca y Vannossa se dedicaron a visitar hospitales y a instruir a gente ignorante y a socorrer a pobres. La suegra quería oponerse a todo esto, pero los dos maridos al ver que ellas en el hogar eran tan cuidadosas y tan cariñosas, les permitieron seguir en esta caritativa acción. Pronto Francisca empezó a ganarse la simpatía de la gente de Roma por su gran caridad para con los enfermos y los pobres.

En más de 30 años que Francisca vivió con su esposo, observó una conducta edificante. Tuvo tres hijos a los cuales se esmeró por educar muy religiosamente. Dos de ellos murieron muy jóvenes, y al tercero lo guió siempre, aun después de que él se casó, por el camino de todas las virtudes. A Francisca le agradaba mucho dedicarse a la oración, pero le sucedió muchas veces que estando orando la llamó su marido para que la ayudara en algún oficio, y ella suspendía inmediatamente su oración y se iba a colaborar en lo que era necesario.

Su familia, que había sido sumamente rica, se vio despojada de sus bienes en una terrible guerra civil. Como su esposo era partidario y defensor del Sumo Pontífice, y en la guerra ganaron los enemigos del Papa, su familia fue despojada de sus fincas y palacios. Francisca tuvo que irse a vivir a una casona vieja, y dedicarse a pedir limosna de puerta en puerta para ayudar a los enfermos de su hospital.

Su hijo se casó con una muchacha muy bonita pero se dedicó a atormentarle la vida a Francisca y a burlarse de todo lo que la santa hacía y decía. Ella soportaba todo en silencio y con gran paciencia. Pero de pronto la nuera cayó gravemente enferma y entonces Francisca se dedicó a asistirla con una caridad impresionantemente exquisita. La joven se curó de la enfermedad del cuerpo y quedó curada también de la antipatía que sentía hacia su suegra. En adelante fue su gran amiga y admiradora.

Francisca obtenía admirables milagros de Dios con sus oraciones. Curaba enfermos, alejaba malos espíritus, pero sobre todo conseguía poner paz entre gente que estaban peleadas y lograba que muchos que antes se odiaban, empezaran a amarse como buenos amigos. Por toda Roma se hablaba de los admirables efectos que esta santa mujer conseguía con sus palabras y oraciones. Muchísimas veces veía a su ángel de la guarda y dialogaba con él.

Fundó una comunidad de religiosas seglares dedicadas a atender a los más necesitados. Les puso por nombre *Oblatas de María*, y su casa principal, que existe todavía en Roma, fue un edificio que se llamaba Torre de los Espejos.

Nombró como superiora a una mujer de toda su confianza, pero cuando Francisca quedó viuda entró también ella de religiosa, y por unanimidad las religiosas la eligieron superiora general. En la comunidad tomó por nombre Francisca Romana.

Francisca ayunaba a pan y agua muchos días. Dedicaba horas y horas a la oración y a la meditación, y Dios empezó a concederle éxtasis y visiones. Consultaba todas las dudas de su alma con un director espiritual, y llegó a tal grado de amabilidad en su trato, que bastaba tratar con ella una sola vez para quedar ya amigos para siempre. A las personas que sabía que hablaban mal de ella, les prodigaba mayor amabilidad.

Estaba gravemente enferma y en marzo de 1440 pronunció sus últimas palabras: "El ángel del Señor me manda que lo siga hacia las alturas". Luego quedó muerta, pero parecía alegremente dormida. Su tumba se volvió tan famosa que aquel templo empezó a llamarse y se le llama aún ahora la iglesia de Santa Francisca Romana.

Oración Oh Dios, que nos diste en santa Francisca Romana modelo singular de vida matrimonial y monástica, concédenos vivir en tu servicio con tal perseverancia, que podamos descubrirte y seguirte en todas las circunstancias de la vida. Por Nuestro Señor Jesucristo.

79

SANTA FRANCISCA JAVIER CABRINI

Fecha: 13 de noviembre.
Patrona de los emigrantes y fundadora de las Misioneras del Sagrado Corazón.

La Madre Cabrini fue la menor de una familia de trece hijos. Nació cerca de Pavia, Italia, en el año 1850. Una de sus hermanas mayores era maestra de escuela y la formó en la estricta disciplina, lo cual le fue muy útil después para toda su vida.

Desde muy pequeña al oír leer en su familia la *Revista de Misiones*, tuvo un gran deseo de ser misionera. A sus muñecas las vestía de religiosas, y fabricaba barquitos de papel y los echaba a las corrientes de agua. Para apagarle un poco su gran deseo de irse de misionera le dijeron que en tierras de misiones no había dulces ni caramelos, entonces empezó a privarse de los caramelos que le regalaban, para irse acostumbrando a no comer dulces.

A los 18 años obtuvo el grado de profesora. Quiso entrar de religiosa en una comunidad pero no la aceptaron porque era de constitución muy débil y de poca salud. Pidió entrar a otra comunidad y tampoco la aceptaron por las mismas razones. Entonces se fue de maestra a una escuela que dirigía un santo sacerdote, el padre Serrati.

Aquel sacerdote se dio cuenta muy pronto de que la nueva maestra de su escuela tenía cualidades muy especiales y la recomendó para que fuera a dirigir un orfanato llamado de la Divina Providencia, el cual estaba a punto de fracasar por no tener personas bien capaces que lo dirigieran.

Francisca reunió a siete compañeras de trabajo y con ellas fundó en 1877 la Comunidad de Misioneras del Sagrado Corazón. A los diez años de fundada la comunidad fue a Roma a tratar de obtener la aprobación para su congregación, y el permiso para fundar una casa en Roma. En la primera entrevista con el cardenal Parochi, secretario de Estado, éste le dijo que la comunidad estaba recién fundada y que todavía no se le podían conseguir semejantes permisos. Pero el cardenal quedó tan admirado de la bondad y santidad de la fundadora que en la segunda visita ya le dio la aprobación y le pidió que en Roma fundara no sólo una casa para niñas huérfanas, sino dos: una escuela y un orfanato.

En aquel tiempo eran muchísimos los italianos que se iban a vivir a Estados Unidos, pero allí, por falta de asistencia espiritual, corrían el peligro de perder la fe y abandonar la religión.

El 31 de marzo de 1889 santa Francisca llegó con seis de sus religiosas a Nueva York, a donde habían llegado recientemente unos 50 000 italianos. La mayoría de ellos no sabían ni siquiera los diez mandamientos. Sólo 1 200 iban a misa los domingos.

La comunidad empezó a extenderse admirablemente en Italia y en América. La Madre Cabrini en penosos y largos viajes fundó una casa en Nicaragua y otra en Nueva Orleáns. En esta ciudad los italianos vivían en condiciones infrahumanas, y la presencia de las misioneras fue de enorme provecho para esa pobre gente.

Luchaba duramente contra el concubinato, la unión libre. Llegó a prohibir que en sus colegios recibieran a las hijas de los que públicamente vivían dando escándalo por su concubinato o su unión libre. Muchos la criticaban por esto, pero su conciencia no le permitía dejar en paz a los que hacían pública profesión de pecado. No aceptaba vivir sirviendo al mismo tiempo a Dios y al diablo.

Era inflexible para hacer cumplir los reglamentos y para exigir buen comportamiento, pero al mismo tiempo se hacía amar por su gran bondad.

En 1892, al cumplirse el cuarto centenario del descubrimiento de América, fundó en Nueva York una gran obra, El hospital Colón. Luego fundó nuevas casas de su comunidad en Costa Rica, Brasil, Buenos Aires, Panamá, Chile e Italia.

Durante los últimos siete años se sentía muy agotada y con una salud muy deficiente, pero no por eso dejaba de trabajar incansablemente promoviendo sus obras de caridad y de evangelización. En diciembre de 1917 murió repentinamente, más quizá por agotamiento de tanto trabajar, que por edad, pues sólo tenía 67 años. Sus restos se conservan en el colegio Cabrini en Nueva York.

Ella fue la primera ciudadana estadounidense declarada santa por el Sumo Pontífice.

Oración Oh santa Francisca Javier Cabrini, tú que pusiste toda tu confianza en el Sagrado Corazón de Jesús y encontraste en Él la clave de la perfección y la fortaleza para ser Apóstol del Evangelio de Cristo por el mundo entero, mira propicia desde la gloria del Cielo sobre los que con amor y confianza recurren a tu intercesión.

Tú, que con afecto maternal has endulzado las temporales y espirituales aflicciones de los desterrados de este mundo, muéstrame en la peregrinación de esta vida tu protección materna, y suplícale al Sagrado Corazón de Jesús me conceda las gracias tan necesarias para llegar a su patria celestial.

Oh santa Francisca Javier Cabrini, escucha benignamente las plegarias que a ti dirijo y consígueme los favores que tan ardientemente suplico (aquí se menciona la petición). Pero sobre todo consígueme la gracia de verme unido con los que, por tuya intercesión, cantan las alabanzas y glorias de Dios, Nuestro Señor. Así sea.

Santa Francisca Javier Cabrini, amantísima esposa de Jesucristo, ruega por nosotros.

# 80

SANTA GERTRUDIS

Fecha: 14 de noviembre.
Patrona de las personas místicas.

Nació en Eisleben, Alemania, en 1256. Fue la primera gran mística de quien se tenga historia. A los 5 años fue llevada al convento de unas monjitas muy fervorosas y allí demostró tener cualidades excepcionales para el estudio.

Sobresalía entre todas por la facilidad con la que aprendía la literatura y las ciencias naturales, y por su modo tan elegante de emplear el idioma. Tenía la fortuna de que la superiora del convento era su tía, santa Matilde, otra gran mística, que con frecuencia recibía mensajes de Dios.

Hasta los 25 años Gertrudis fue una monjita dedicada a la oración, a los trabajos manuales y a la meditación. Solamente que sentía una inclinación sumamente grande por los estudios, aunque era a los de literatura, historia, idiomas y ciencias naturales. Recibió la primera de las revelaciones que la hicieron famosa, y desde aquel día su vida se transformó y dedicó todos sus tiempos libres a leer la Biblia y los escritos de san Agustín y san Bernardo. Ella dice: "cambié el estudio de ciencias naturales y literatura, por el de la teología y la Sagrada Escritura".

En sus 47 años de vida, Gertrudis no se diferenció externamente de las demás monjitas de su convento. Copiaba pasajes de la Biblia, componía explicaciones de la Sagrada Escritura para darlas a las otras religiosas, y sufría en silencio sus enfermedades que no eran pocas. Jesucristo la eligió como su heraldo y ella escribió en cinco libros los mensajes que recibió en sus revelaciones, y a su obra le puso por nombre *El heraldo de la amorosa bondad de Dios.*

Dice la santa que un día vio que de la herida del costado de Cristo salía un rayo de luz y llegaba al corazón de ella. Desde entonces sintió un amor tan grande hacia Jesucristo, como nunca antes lo había experimentado.

Los especialistas afirman que los libros de santa Gertrudis son, junto con las obras de santa Teresa y santa Catalina, las obras más útiles que una mujer haya dado a la Iglesia para alimentar la piedad de las personas que desean dedicarse a la vida contemplativa.

Murió el 17 de noviembre de 1302.

Oración Eterno Padre, te ofrezco la preciosísima sangre de tu divino hijo, en unión con todas las misas celebradas hoy en todo el mundo, por todas las santas Almas del Purgatorio. Amén.

81

SANTA INÉS

Fecha: 21 de enero.
Patrona de las jóvenes, de la pureza, de las novias y prometidas en matrimonio y de los jardineros, ya que la virginidad era simbolizada con un jardín cerrado.

Nació cerca de 290. Recibió muy buena educación cristiana y se consagró a Cristo con voto de virginidad. Volviendo un día del colegio, la niña se encontró con el hijo del alcalde de Roma, el cual se enamoró de ella y le prometió grandes regalos a cambio de la promesa de matrimonio. Ella respondió: "He sido solicitada por otro Amante. Yo amo a Cristo. Seré la esposa de Aquel cuya Madre es Virgen; lo amaré y seguiré siendo casta". El hijo contó a su padre lo sucedido, la apresan y la amenazan con las llamas si no reniega de su religión, pero no teme a las llamas.

San Ambrosio en una de sus homilías habló de santa Inés como un personaje muy conocido de la gente de aquel tiempo. Inés tenía sólo trece años cuando fue martirizada. Ofreció su cuello a la espada del soldado furioso. Llevada contra su voluntad ante el altar de los ídolos, levantó sus manos puras hacia Jesucristo orando, y desde el fondo de la hoguera hizo el signo de la cruz, señal de la victoria de Jesucristo. Presentó sus manos y su cuello ante las argollas de hierro, pero era tan pequeña que aquellos hierros no lograban atarla. Todos lloraban menos ella. La gente admiraba la generosidad con la cual brindaba al Señor una vida que apenas estaba empezando a vivir. Estaban todos asombrados de que a tan corta edad pudiera ser ya tan valerosa mártir en honor de la Divinidad.

Sus padres recogieron el cadáver y la sepultaron en el sepulcro paterno. Pocos días después su hermana Emerenciana cayó martirizada a pedradas por estar rezando junto al sepulcro.

Oración Dios Padre amoroso que eliges a los más débiles ante el mundo para confundir así a los fuertes, concédeme la gracia de ser como santa Inés, fiel al amor de tu hijo Jesús que murió por nosotros en la Cruz, fiel en lo mucho y en lo poco, fiel en la alegría y en la tristeza, fiel en el estudio y en la diversión.

Que nunca me aparte de ti y, que por la intercesión de santa Inés, bajo el amparo protector de la Virgen María me mantengas siempre alejado de las ocasiones de pecado.

82

SANTA JUANA DE ARCO

Fecha: 30 de mayo.
Patrona de telegrafistas, radiofonistas, soldados, mujeres voluntarias, mártires; oponentes de las autoridades de la Iglesia, prisioneros, víctimas de violación.

Juana de Arco nació en 1412 en Donremy, Francia. Su padre, Jaime de Arco, era un campesino. Juana creció en el campo y nunca aprendió a leer ni a escribir. Pero su madre que era muy piadosa le infundió una gran confianza en el Padre Celestial y una tierna devoción hacia la Virgen María. Cada sábado la niña Juana recogía flores del campo para llevarles al altar de Nuestra Señora. Cada mes se confesaba y comulgaba, y su gran deseo era llegar a la santidad y no cometer nunca ningún pecado. Era tan buena y bondadosa que todos en el pueblo la querían.

Francia estaba en muy grave situación porque la habían invadido los ingleses que se iban posesionando rápidamente de muchas ciudades y hacían grandes estragos. A los catorce años la niña Juana empezó a sentir unas voces que la llamaban. Al principio no sabía de quién se trataba, pero después empezó a ver resplandores y que se le aparecían el Arcángel san Miguel, santa Catalina y santa Margarita y le decían: "Tú debes salvar a la nación y al rey".

Por temor no contó a nadie nada al principio, pero después las voces fueron insistiéndole fuertemente en que ella, pobre niña campesina e ignorante, estaba destinada para salvar la nación y al rey y entonces contó a sus familiares y vecinos. Un tío suyo se la llevó a donde estaba el comandante del ejército de la ciudad vecina. Ella le dijo que Dios la enviaba para llevar un mensaje al rey. Pero el militar no le creyó y la despachó para su casa.

Orleáns estaba sitiada por un fuerte ejército inglés. El rey Carlos y sus militares ya creían perdida la guerra. Juana le pidió al monarca que le concediera el mando sobre las tropas. El rey la nombró capitana. Juana mandó hacer una bandera blanca con los nombres de Jesús y de María y al frente de diez mil hombres se dirigió hacia Orleáns. Animados por la joven capitana, los soldados franceses lucharon como héroes y expulsaron a los asaltantes y liberaron la ciudad.

Después de sus resonantes victorias, obtuvo santa Juana que el temeroso rey Carlos VII aceptara ser coronado como jefe de toda la nación. Y así se hizo con impresionante solemnidad en la ciudad de Reims.

Faltaba algo muy importante en aquella guerra nacional: conquistar París, la capital, que estaba en poder del enemigo, y Juana se dirigió allá con sus valientes. Pero el rey Carlos VII, por envidias y por componendas con los enemigos, le retiró sus tropas y Juana fue herida en la batalla y hecha prisionera por los borgoñones.

Los franceses la habían abandonado, pero los ingleses estaban supremamente interesados en tenerla en la cárcel, y así pagaron más de mil monedas de oro a los de Borgoña para que se la entregaran y la sentenciaron a cadena perpetua.

En ese tiempo estaba muy de moda acusar de brujería a toda mujer que quisieran desaparecer, así que los enemigos acusaron a Juana de brujería, diciendo que las victorias que había obtenido era porque les había hecho brujerías a los ingleses para poderlos derrotar. Ella apeló al Sumo Pontífice, pidiéndole que fuera el Papa de Roma el que la juzgara, pero nadie quiso llevarle la noticia, y el tribunal estuvo compuesto exclusivamente por enemigos de la santa. Y aunque Juana declaró muchas veces que nunca había empleado brujerías y que era totalmente creyente y buena católica, sin embargo encendieron una gran hoguera, la amarraron a un poste y la quemaron lentamente.

Murió rezando y su mayor consuelo era mirar el crucifijo que un religioso le presentaba y encomendarse a Nuestro Señor. Invocaba al Arcángel san Miguel, al cual siempre le había tenido gran devoción y pronunciando por tres veces el nombre de Jesús, entregó su espíritu. Era el 29 de mayo de 1431. Tenía apenas 19 años.

> **Oración** ¡Divina Juana de Arco! Humilde mensajera de Dios que por misión tuviste que afrontar los grandes problemas de tu pueblo, pues fue invadido por tus enemigos encarnados que por misión recibiste la orden desde lo alto para afrontar los peligros de una guerra sin cuartel entre hermanos. Divina intercesora inspirada por el espíritu de Dios. Fuiste la elegida en misión de libertar a los demás. Te condenaron a la hoguera como premio a tu gran misión al ser divinizada por Dios y los seres humanos. A tus pies te pido que yo pueda vencer todos los imposibles de mi vida material. Ayúdame a tener fuerza espiritual para así consagrarme al dolor que purifica el alma. Divina heroína del pensamiento, ruega a Dios no me desampare para que yo pueda vivir la vida con resignación. Así sea.

83

SANTA LIDUVINA

Fecha: 14 de abril.
Patrona de los enfermos crónicos.

Liduvina nació en Schiedam, Holanda, en 1380. Su padre era muy pobre y tenía por oficio el de "celador" o cuidador de fincas. Hasta los 15 años Liduvina era una muchacha como las demás: alegre, simpática, buena y muy hermosa. Pero entonces su vida cambió completamente. Un día, después de jugar con sus amigos, iban a patinar y en el camino cayó en el hielo partiéndose la columna vertebral.

La pobre muchacha empezó desde entonces un horroroso martirio. Continuos vómitos, jaquecas, fiebre intermitente y dolores por todo el cuerpo la martirizaban todo el día. En ninguna posición podía descansar. La altísima fiebre le producía una sed insaciable. Los médicos declararon que su enfermedad no tenía remedio.

Liduvina se desesperaba, inmóvil, y cuando oía a sus compañeras correr y reír, se ponía a llorar y a preguntar a Dios por qué le había permitido tan horrible martirio. Pero un día Dios le dio un gran regalo: nombraron de párroco de su pueblo a un verdadero santo, el padre Pott. Este virtuoso sacerdote le colocó en frente de la cama un crucifijo, pidiéndole que de vez en cuando mirara a Jesús crucificado y se comparara con Él y pensara que si Cristo sufrió tanto, debe ser que el sufrimiento lleva a la santidad. En adelante ya no volvió más a pedir a Dios que le quitara sus sufrimientos, sino que se dedicó a pedirle que le diera valor y amor para sufrir como Jesús por la conversión de los pecadores, y la salvación de las almas.

Santa Liduvina llegó a amar de tal manera sus sufrimientos que descubrió que su "vocación" era ofrecer sus padecimientos por la conversión de los pecadores. Decía que la Sagrada Comunión y la meditación en la Pasión de Nuestro Señor eran las dos fuentes que le concedían valor, alegría y paz.

La enfermedad fue invadiendo todo su cuerpo. Una llaga le fue destrozando la piel. Perdió un ojo y el otro se le volvió tan sensible a la luz que no soportaba ni siquiera el reflejo de la llama de una vela. Estaba completamente paralizada y solamente podía mover un poco el brazo izquierdo. En los fríos terribles del invierno de Holanda quedaba a veces en tal estado de enfriamiento que sus lágrimas se le congelaban en la mejilla. En el hombro izquierdo se le formó un absceso dolorosísimo y la más aguda neuritis le producía dolores casi insoportables.

Santa Liduvina, paralizada y sufriendo espantosamente en su lecho de enferma, recibió de Dios los dones de anunciar el futuro a muchas personas y de curar a numerosos enfermos, orando por ellos. A los doce años de estar enferma y sufriendo, empezó a tener éxtasis y visiones. Mientras su cuerpo quedaba sin vida, en los éxtasis conversaba con Dios, con la Virgen y con su Ángel de la Guarda. Unas veces recibía de Dios la gracia de presenciar los sufrimientos que Jesucristo padeció en su Santísima Pasión. Otras veces contemplaba los sufrimientos de las almas del purgatorio, y en algunas ocasiones le permitían ver algunos de los goces que nos esperan en el cielo.

El 14 de abril de 1433, día de Pascua de Resurrección, poco antes de las tres de la tarde, pasó santamente a la eternidad. Días antes contempló en una visión que en la eternidad le estaban tejiendo una hermosa corona de premios. Pero aún debía sufrir un poco. En esos días llegaron unos soldados y la insultaron y la maltrataron. La última petición que le hizo al médico antes de morir fue que su casa la convirtieran en hospital para pobres. Y así se hizo.

Oración santa Liduvina: Alcánzanos de Dios la gracia de aceptar con paciencia nuestros sufrimientos como pago por nuestros pecados y para conseguir la conversión y salvación de muchos pecadores.

84

SANTA LUCÍA

Fecha: 13 de diciembre.
Patrona de los trabajadores del cristal, vendedores, campesinos, mártires, escritores, invidentes.

Nació y murió en Siracusa, Italia. Cuando era muy niña hizo a Dios el voto o juramento de permanecer siempre pura y virgen, pero cuando llegó a la juventud quiso su madre casarla con un joven pagano. Por aquellos días la madre enfermó gravemente y Lucía le dijo: "Vamos en peregrinación a la tumba de santa Águeda. Y si la santa le obtiene la curación, me concederá el permiso para no casarme". La madre aceptó la propuesta. Fueron a la tumba de la santa y la curación se produjo instantáneamente. Desde ese día Lucía obtuvo el permiso de no casarse, y el dinero que tenía ahorrado para el matrimonio lo gastó en ayudar a los pobres.

Pero el joven que se iba a casar con ella, dispuso como venganza acusarla ante el gobernador de que era cristiana, lo cual estaba totalmente prohibido en esos tiempos de persecución.

Lucía fue llamada a juicio y el juez la amenazó con hacerla llevar a una casa de prostitución para ser irrespetada, pero ella le respondió que aunque el cuerpo sea irrespetado, el alma no se mancha si no acepta ni consiente el mal. La atormentaron y le cortaron la cabeza.

A esta santa la pintan con una bandeja con dos ojos, porque antiguas tradiciones narraban que a ella le habían sacado los ojos por proclamar su fe en Jesucristo.

Oración ¡Oh bienaventurada y amable santa Lucía!, universalmente reconocida por el pueblo cristiano como especial y poderosa abogada de la vista; llenos de confianza a ti acudimos pidiéndote la gracia de que la nuestra se mantenga sana y que el uso que hagamos de nuestros ojos sea siempre para bien de nuestra alma, sin que turben jamás nuestra mente objetos o espectáculos peligrosos, y que todo lo sagrado o religioso que ellos vean se convierta en saludable y valioso motivo de amar cada día más a nuestro Creador y Redentor Jesucristo, a quien, por tu intercesión, oh, protectora nuestra, esperamos ver y amar eternamente en la patria Celestial. Amén!

85

SAN LUIS, REY DE FRANCIA

Fecha: 25 de agosto.
Patrono de la Tercera Orden Franciscana u Orden Franciscana Seglar; así mismo es santo Patrono de varias ciudades de América y Europa.

Hijo del rey Luis VIII de Francia y de Blanca de Castilla, san Luis fue un hombre dotado por Dios de una gran sabiduría para gobernar y de una generosidad inmensa para ayudar a los necesitados.

A los 12 años quedó huérfano de padre y Blanca asumió el mando del país, mientras su hijo llegaba a la mayoría de edad. Al cumplir 21 años fue coronado como rey, con el nombre de Luis IX. Su madre se preocupó por hacer de él un cristiano fervoroso y un gobernante intachable. Fue siempre un guerrero hábil, inteligente, valeroso y generoso con los vencidos. Cuando subió al trono, muchos condes y marqueses, imaginándose que sería un joven débil y sin ánimos para hacerse respetar, se declararon en rebelión contra él. Luis organizó muy bien su ejército y los fue derrotando uno por uno. El rey de Inglaterra invadió a Francia, y Luis, con su ejército, lo derrotó y decía que sólo hacía la guerra por defender la patria, pero nunca por atacar a los demás.

Contrajo matrimonio con Margarita, una mujer virtuosa que fue su más fiel compañera y colaboradora. Tuvo cinco hijos y seis hijas. Sus descendientes fueron reyes de Francia por siete siglos, hasta que fue muerto el rey Luis XVI.

San Luis se propuso disminuir en su país la costumbre de maldecir, y mandaba dar muy fuertes castigos a quienes sorprendían maldiciendo delante de los demás. Prohibió la usura, que consiste en cobrar intereses exagerados. Se cuenta que el rey san Luis le quitó haciendas a un rico y las repartió entre la gente pobre, cuando se enteró que el rico, mandó matar a tres niños porque entraban a sus fincas a cazar conejos.

Como era bien sabido que san Luis era un hombre extraordinariamente piadoso, le hicieron llegar desde Constantinopla la corona de espinas de Jesús; él, entusiasmado, le mandó construir una lujosa capilla para venerarla. Y al saber que la Tierra Santa donde nació y murió Jesucristo, era muy atacada por los mahometanos, dispuso organizar un ejército de creyentes para ir a defender el País de Jesús. Pero sucedió que él y su ejército fueron atacados por la terrible epidemia de tifo y de disentería y murieron muchísimos. El mismo rey cayó gravemente enfermo y los enemigos aprovecharon la ocasión y tomaron prisionero al santo monarca. Los mahometanos le exigieron como rescate un millón de monedas de oro y entregar la ciudad de Damieta para liberarlo a él y a su ejército La reina logró conseguir el millón de monedas de oro, y les fue devuelta la ciudad de Damieta. El rey aprovechó para irse a Tierra Santa y, a los cuatro años, regresó a Francia al saber de la muerte de su madre.

San Luis apoyó en la fundación de la Universidad de La Sorbona y construyó un hospital para ciegos, que llegó a albergar 300 enfermos. Sentía un enorme deseo de lograr que los países árabes se volvieran católicos, por lo que fue con su ejército a Túnez para tratar de lograrlo, sólo que allá lo sorprendió su última enfermedad, un tifo negro, que en ese tiempo era mortal.

El 24 de agosto del año 1270 sintió que se iba a morir y pidió los santos sacramentos. De vez en cuando repetía: "Señor, estoy contento, porque iré a tu casa del cielo a adorarte y amarte para siempre". El 25 de agosto a las tres de la tarde, exclamó: "Padre, en tus manos encomiendo mi espíritu", y murió santamente.

Oración Oh Dios, que has trasladado a san Luis de Francia de los afanes del gobierno temporal al reino de tu gloria, concédenos, por su intercesión, buscar ante todo tu reino en medio de nuestras ocupaciones temporales. Por Nuestro Señor Jesucristo.

86

SANTA LUISA DE MARILLAC

Fecha: 15 de marzo.
Patrona de los asistentes sociales.
Fundadora de las Hermanas Vicentinas.

Nació en Francia el 12 de agosto de 1591. Huérfana a los 14 años, sintió un fuerte deseo de hacerse religiosa, pero por su delicada salud y su débil constitución no fue admitida. Se casó entonces con Antonio Le Grass, secretario de la reina de Francia, María de Médicis.

Dios le concedió un hijo. A los 34 años queda viuda y entonces decidió hacerse religiosa. Tuvo la dicha inmensa de tener como directores espirituales a dos santos muy famosos y extraordinariamente guías de almas: san Francisco de Sales y san Vicente de Paul. Con san Francisco de Sales tuvo frecuentes conversaciones espirituales en París y con san Vicente de Paul trabajó por treinta años, siendo su más fiel y perfecta discípula y servidora.

San Vicente de Paul había fundado grupos de mujeres que se dedicaban a ayudar a los pobres, atender a los enfermos e instruir a los ignorantes. Estos grupos de caridad existían en los numerosos sitios en donde san Vicente había predicado misiones, pero sucedía que cuando el santo se alejaba los grupos disminuían su fervor y su entusiasmo. Se necesitaba alguien que los coordinara y los animara. Y esa persona providencial iba a ser santa Luisa de Marillac.

Luisa recorría el país visitando las asociaciones de caridad y que llevaba siempre gran cantidad de ropas y medicinas para regalar. Apenas llegaba al lugar, reunía a las mujeres de la asociación de la caridad, les recordaba los deberes y virtudes que debían cumplir quienes formaban parte de aquella asociación, las entusiasmaba con sus recomendaciones y se esforzaba por conseguir nuevas socias. Ella misma visitaba a los enfermos e instruía a los ignorantes y repartía ayuda a los pobres, y lo hacía con tal entusiasmo y tan grande bondad, que cuando se marchaba quedaba todo renovado y rejuvenecido.

La familia Marillac, que ocupaba altos puestos en el gobierno, cayó en desgracia del rey Luis XIII y uno fue condenado a muerte y otros fueron a la cárcel. Luisa, aunque sufría mucho a causa de esto, no permitía que nadie en su presencia hablara mal del rey y de su primer ministro Richelieu, que tanto los habían hecho padecer.

El 15 de marzo de 1660, después de sufrir una dolorosa enfermedad y la gangrena de un brazo, murió santamente, dejando fundada y muy extendida la más grande comunidad de religiosas. Las 33 000 religiosas vicentinas o hijas de la Caridad tienen más de 3 300 casas en el mundo. En la casa donde está sepultada su fundadora, en París, allí mismo sucedieron las apariciones de la Virgen de la Medalla Milagrosa a la vicentina santa Catalina Labouré. Las religiosas fundadas por santa Luisa se dedican exclusivamente a obras de caridad.

Oración ¡Oh gloriosa santa Luisa de Marillac!, esposa fiel, madre modelo, formadora de catequistas, maestras y enfermeras. Ven en nuestra ayuda y alcanza del Señor: socorro a los pobres, alivio a los enfermos, protección a los desamparados, caridad a los ricos, conversión a los pecadores, vitalidad a nuestra Iglesia y paz a nuestro pueblo. Cuida nuestro hogar y cuanto hay en él. Que sea un camino recto que nos conduzca a nuestra casa del cielo, y que tu bendición descienda todos los días sobre cada uno de los que en el vivimos. Bendito seas, buen Dios, porque sembraste el amor en santa Luisa para ejemplo nuestro e imitación de Jesús, Camino, Verdad y Vida. Amén.

87

SANTA MARÍA MAGDALENA

Fecha: 22 de julio.
Patrona de las prostitutas arrepentidas.

Natural de Magdala, ciudad a la orilla del mar de Galilea, o lago de Tiberiades, en Galilea; de ahí su sobrenombre de Magdalena.

María Magdalena es mencionada tanto en el Nuevo Testamento canónico como en varios evangelios apócrifos, como una distinguida discípula de Jesús de Nazaret. Es considerada santa por la Iglesia Católica Romana, la Iglesia Ortodoxa y la Comunión Anglicana.

Hay quien pone en duda su existencia histórica, pero muchos autores ateos o agnósticos no dudan de su historicidad. Se discute si debe identificarse con la hermana de Lázaro y Marta, también llamada María y residente en Betania, aunque nunca se le llama *María de Betania*. De la lectura de los evangelios de Juan y Lucas, en los que aparecen ambas, da la sensación de ser mujeres diferentes, aunque llama la atención que en el Evangelio de Juan, María de Betania tiene un papel importante y, en los momentos claves de la crucifixión y resurrección, desaparece, y en cambio, aparece de repente María Magdalena, siendo la primera testigo de la resurrección de Jesús.

De acuerdo con el evangelio de Lucas, María Magdalena alojó y proveyó materialmente a Jesús y sus discípulos durante su predicación en Galilea. Se añade que antes había sido curada por Jesús y de acuerdo con los evangelios de Marcos, estuvo presente durante la crucifixión.

En compañía de otras mujeres, fue la primera testigo de la resurrección, relato que sólo aparece en el evangelio de Juan, del hecho en el que concuerdan los cuatro evangelios.

María era pública pecadora, hasta que tocada un día por la gracia, vino a rendirse a los pies del Señor, quien la recibió y perdonó. Movido por sus ruegos, resucitó Jesús a Lázaro, su hermano, y cuando Jesús es crucificado, le asiste, más muerta que viva; preguntando, como la esposa de los Cantares, en dónde han puesto a su esposo Divino; Cristo la llama por su propio nombre, y le manda llevar a los discípulos la nueva de su Resurrección.

La tradición cristiana occidental, católica, sin embargo, aunque sin apoyarse en evidencias de ningún tipo, ha identificado con María Magdalena a otros personajes citados en el Nuevo Testamento: la mujer adúltera a la que Jesús salva de la lapidación, en un episodio que sólo relata el evangelio de Juan; la mujer que unge con perfumes los pies de Jesús y los enjuga con sus cabellos antes de su llegada a Jerusalén, según los evangelios sinópticos, en donde su nombre no se menciona.

Algunos autores recientes han puesto en circulación una hipótesis según la cual María Magdalena habría sido la esposa, o la compañera sentimental, de Jesús de Nazaret, además de la depositaria de una tradición cristiana de signo feminista que habría sido cuidadosamente ocultada por la Iglesia Católica. Estas ideas fueron desarrolladas primero en algunos libros de seudohistoria, donde se menciona además una hipotética dinastía fruto de la unión entre Jesús de Nazaret y María Magdalena, la Dinastía Merovingia, que carece de todo valor científico; sin embargo no existe ningún pasaje ni en los evangelios canónicos ni en los apócrifos que permita afirmar que María de Magdala fue la esposa de Jesús de Nazaret. Para la mayoría de los estudiosos del Jesús histórico es una posibilidad que ni siquiera merece ser tomada en serio. Los partidarios de esta idea, sin embargo, se apoyan en tres argumentos:

1) En varios textos gnósticos, como el evangelio de Felipe, se muestra que Jesús tenía con María Magdalena una relación de mayor cercanía que con el resto de sus discípulos, incluidos los apóstoles. En concreto, el evangelio de Felipe habla de María Magdalena como "compañera" de Jesús. No obstante, esta interpretación no tiene en cuenta que, de acuerdo con el carácter simbólico de estos textos, lo más probable es que en ellos María Magdalena sea una representación de los gnósticos como verdaderos depositarios de las enseñanzas secretas de Jesús, en tanto que los Apóstoles simbolizan seguramente a la Iglesia oficial que, según el punto de vista gnóstico, no comprendió sus enseñanzas y las desfiguró.

2) En los evangelios canónicos, María Magdalena es, excluida la madre de Jesús, la mujer que más veces aparece, y es presentada además como seguidora cercana de Jesús. Su presencia en los momentos cruciales de la muerte y resurrección de Jesús puede sugerir que estaba ligada a él por lazos conyugales.

3) Otro argumento que esgrimen los defensores de la teoría del matrimonio entre Jesús y María Magdalena es que en la Palestina de la época era raro que un varón judío de la edad de Jesús permaneciese soltero, especialmente si se dedicaba a enseñar como rabino, ya que eso hubiese ido en contra del mandamiento divino "Creced y multiplicaos".

Oración María Magdalena, te pido me ayudes a reconocer a Cristo en mi vida evitando las ocasiones de pecado. Ayúdame a lograr una verdadera conversión de corazón para que pueda demostrar con obras, mi amor a Dios. Amén.

88

SANTA MARTA

Fecha: 29 de julio.
Patrona de las cocineras, sirvientas, amas de casa, hoteleros, casas de huéspedes, administradores de hospitales, escultores, pintores, lavanderas, de las hermanas de la caridad, moribundos y del hogar.

En Betania, un pueblecito cercano a Jerusalén, vivía una familia de la cual dice el evangelio un elogio hermosísimo: Jesús amaba a Marta, a María y a su hermano Lázaro.

En Jerusalén era bastante peligroso quedarse por las noches porque los enemigos le habían jurado guerra a muerte y buscaban cualquier ocasión propicia para matar al Redentor. Pero allí, a cuatro kilómetros de Jerusalén, había un pueblecito tranquilo y amable y en él un hogar donde Jesús se sentía bien. Era el hogar de Marta, María y Lázaro. En esta casa siempre había una habitación lista y bien arreglada para recibir al Divino Maestro, cualquier día a la hora en que llegara.

Famosa se ha hecho la escena que sucedió un día en que Jesús llegó a Betania y Marta corría de allá para acá preparando los alimentos, arreglando las habitaciones, llevando refrescos para los sedientos viajeros. Jesús como siempre, aprovechando aquellos instantes de descanso, se dedicó a dar sabias instrucciones a sus discípulos y en medio de todos ellos, sentada también en el suelo estaba María, la hermana de Marta, extasiada, oyendo tan formidables enseñanzas.

De pronto Marta se detuvo un poco en sus faenas y acercándose a Jesús le dijo con toda confianza: "Señor, ¿cómo te parece que mi hermana me haya dejado a mí sola con todo el oficio de la casa? ¿Por qué no le dices que me ayude un poco en esta tarea?"

Jesús, con una suave sonrisa y tono bondadoso, le respondió que sólo María ha escogido la mejor parte, la que no le será quitada. Marta entendió la lección y arremangándose el delantal, se sentó también allí en el suelo para escuchar las divinas instrucciones del Salvador. Ahora sabía que todos los afanes materiales no valen tanto como escuchar las enseñanzas que vienen del cielo y aprender a conseguir la eterna salvación.

Después de la muerte de Lázaro, dispuso Jesús dirigirse hacia Betania. Tan pronto Marta supo que Jesús venía, salió a su encuentro y Jesús dijo que su hermano iba a resucitar y así sucedió.

Oración Oh, santa Marta milagrosa, me acojo a tu amparo y protección entregándome a ti, para que me ayudes en mi tribulación, y en prueba de mi afecto y agradecimiento, te ofrezco propagar tu devoción. Consuélame en mis penas y aflicciones, te lo suplico por la inmensa dicha que alegró tu corazón al hospedar en tu casa de Betania al Salvador del mundo; intercede por mí y por toda mi familia para que conservemos siempre en nuestros corazones a nuestro Dios viviendo en su gracia y detestando toda ofensa contra Él; para que sean remediadas nuestras necesidades y en especial esta que ahora me aflige (hágase la petición). Te suplico me ayudes a vencer las dificultades con la fortaleza con que venciste, por el poder de la Cruz, al dragón que tienes rendido a tus pies. Así sea.

89

SANTA MÓNICA

Fecha: 27 de agosto.
Patrona de matrimonios con problemas, hijos rebeldes, amas de casa, mujeres casadas, madres, víctimas de adulterio, infelices, víctimas de abusos verbales, viudas, esposas.

Mónica, la madre de san Agustín, nació en Tagaste, al norte de África, en 332. Sus padres encomendaron la formación de sus hijas a una mujer muy religiosa y estricta en disciplina. No las dejaba tomar vino ni licor entre horas. Mónica le obedeció los primeros años pero, después ya mayor, empezó a ir a escondidas al depósito y cada vez que tenía sed tomaba un vaso de vino.

Un día regañó fuertemente a un obrero y éste por defenderse le gritó ¡Borracha! Esto le impresionó profundamente y nunca lo olvidó en toda su vida, y se propuso no volver a tomar jamás bebidas alcohólicas. Pocos meses después fue bautizada y su conversión fue admirable.

Deseaba dedicarse a la vida de oración y de soledad, pero sus padres dispusieron que tenía que esposarse con un hombre llamado Patricio, un buen trabajador, pero de genio terrible, además mujeriego, jugador y pagano, que no tenía gusto alguno por lo espiritual. La hizo sufrir muchísimo y por treinta años ella tuvo que aguantar sus estallidos de ira, ya que gritaba por el menor disgusto. Tuvieron tres hijos: dos varones y una mujer. Los dos menores fueron su alegría y consuelo, pero el mayor, Agustín, la hizo sufrir por varias décadas. Patricio no era católico, y aunque criticaba el mucho rezar de su esposa y su generosidad tan grande hacia los pobres, nunca se opuso a que dedicara parte de su tiempo a estos buenos oficios y quizás, el ejemplo de vida de su esposa logro su conversión. Mónica rezaba y ofrecía sacrificios por su esposo y al fin alcanzó de Dios la gracia de que Patricio se hiciera bautizar. Un año después Patricio murió, dejando a la pobre viuda con el problema de su hijo mayor, Agustín.

Mónica tuvo un sueño en el que se vio en un bosque llorando por la pérdida espiritual de su hijo, y enseguida vio a Agustín junto a ella. Le narró a su hijo el sueño y él le dijo lleno de orgullo, que eso significaba que se iba a volver maniquea, como él. A eso ella respondió: "En el sueño no me dijeron, la madre irá a donde el hijo, sino el hijo volverá a la madre". Su respuesta tan hábil impresionó mucho a su hijo Agustín, quien más tarde consideró la visión como una inspiración del cielo. Mónica contó a un obispo que llevaba años y años rezando, ofreciendo sacrificios y haciendo rezar a sacerdotes y amigos por la conversión de Agustín. A los 29 años, Agustín decide irse a Roma a dar clases. Ya era todo un maestro. Mónica se decide a seguirle para intentar alejarlo de las malas influencias pero Agustín al llegar al puerto de embarque, su hijo por medio de un engaño se embarca sin ella y se va a Roma sin ella. Pero Mónica, no dejándose derrotar tan fácilmente, toma otro barco y va tras de él. Luego ocurrió la conversión de Agustín, se hizo instruir en la religión y se hizo bautizar.

En una casa junto al mar, mientras madre e hijo admiraban el cielo estrellado y platicaban sobre las alegrías venideras cuando llegaran al cielo, Mónica exclamó entusiasmada: "¿Y a mí que más me amarra a la tierra? Ya he obtenido de Dios mi gran deseo, el verte cristiano". Poco después le invadió una fiebre, que en pocos días se agravó y le ocasionaron la muerte a los 55 años de edad.

Oración Señor, que en la condición materna de la mujer has puesto un signo de tu fecundidad y de tu amor por el género humano, al conmemorar a santa Mónica te pedimos por las madres más desprotegidas, por las viudas y abandonadas; sé Tú su apoyo e ilumina a las naciones para que legislen en su favor. Por Jesucristo Nuestro Señor, amén.

90

SANTA OTILIA

Fecha: 9 de agosto.
Patrona de los ciegos y oculistas. Patrona de Alsacia.

El señor feudal que gobernaba Alsacia en el siglo VII era Aldarico. Era un pagano recién convertido al catolicismo, y no muy bien convertido aún. Aldarico deseaba mucho tener un hijo varón, pero le nació una hija, y ciega. El hombre se llenó de cólera y mandó que su hija fuera expulsada muy lejos de su castillo. La pobre niña fue llevada a un lejano convento de religiosas, las cuales la educaron lo mejor que pudieron, en la religión de Cristo.

La niña crecía ciega y un día llegó al convento el obispo san Erardo, que al bautizarla le puso el nombre de Otilia, que significa: "luz de Dios". Y al administrarle el sacramento le dijo: "que se te abran los ojos de tu cuerpo, como se te han abierto los ojos de tu alma", y la niña recobró milagrosamente la vista. El obispo fue con el padre de Otilia a pedirle que la aceptara en su casa ya que era hija suya, pero el otro no quería de ninguna manera. El hermano menor de Otilia, Hugo, intercedió ante su padre, y éste aunque de muy mala gana, permitió que la muchacha volviera al castillo, pero más como sirvienta que como hija. Aldarico empezó a notar que su hija era tan santa, tan caritativa, tan bondadosa con todos, que se encariñó con ella y la quiso con un amor fraternal que nunca antes había sentido. Desconocía que Otilia cuando estaba viviendo con las religiosas se había propuesto dedicar su vida entera a la oración y a las obras buenas, y a ser una religiosa. Cuando ella supo que su padre estaba resuelto a obligarla a casarse, se vistió de sirvienta, y así disfrazada huyó del palacio; un barquero la llevó al otro lado del inmenso río y ella siguió huyendo por los campos.

Aldarico envió a sus soldados a buscarla por todas partes y cuando la joven vio que se acercaban ya sus perseguidores pidió a Dios que la protegiera, y vio en una roca una hendidura, y ahí se escondió y nadie logró verla. El padre, lleno de remordimientos por su actitud, mandó publicar un decreto por medio del cual perdonaba a su hija y le permitía que se hiciera religiosa. Ella al oír tal noticia volvió al castillo y Aldarico le regaló un convento en una alta montaña para que se fuera allá con las demás jóvenes que quisieran ser religiosas. Y allí se fundó el convento de Otilburg. Otilia y sus compañeras se dedicaron a la oración, a los trabajos manuales y a atender a los centenares de pobres que llegaban a pedir ayuda. Otilia se dedicaba a socorrer a los enfermos más repugnantes y abandonados. Y fundó un hospital para ellos.

Después de dedicarse por muchos años a la oración y a prestar ayudas a enfermos y pobres, Otilia descansó en paz en 720.

Oración Dios Todopoderoso, que por el bautismo devolviste la vista a santa Otilia, te pedimos por su intercesión que miremos todos los acontecimientos de la vida con ojos de Fe, de Esperanza y de Caridad. Por Jesucristo, Nuestro Señor.

91

SANTA REGINA

Fecha: 7 de septiembre.
Patrona de los pastores y las víctimas de tortura. Protectora contra el empobrecimiento.

Hija de un ciudadano pagano de Alise, en Borgoña, la santa, cuya madre falleció al dar la luz, fue entregada a una nodriza cristiana que la educó en la fe. Su belleza atrajo las miradas del prefecto Olybrius, quien, al saber que era de noble linaje, deseó casarse con ella, pero Regina se negó a aceptarlo y no quiso atender los discursos de su padre, quien trataba de convencerla para que se casara con un hombre tan rico.

Ante su obstinación, su padre decidió encerrarla en un calabozo y, como pasaba el tiempo sin que Regina cediese, Olybrius desahogó su cólera haciendo azotar a la joven y sometiéndola a otros tormentos. Una de aquellas noches recibió en su calabozo el consuelo de una visión de la cruz al tiempo que una voz le decía que su liberación estaba próxima.

Al otro día, Olybrius ordenó que fuera torturada de nuevo y que fuera decapitada después. En el momento de la ejecución, apareció una paloma blanquísima que causó la conversión de muchos de los presentes.

Oración Que la bienaventurada Regina, virgen y mártir, implore por nosotros vuestra misericordia, Señor, ella que siempre os fue agradable por el mérito de su castidad y por su valor en confesar vuestro santo Nombre. Por Jesucristo Nuestro Señor. Amén.

92

SANTA RITA DE CASIA

Fecha: 22 de mayo.
Patrona de los imposibles. Las enfermedades, heridas, problemas maritales, causas imposibles; las pérdidas, el abuso, las madres y, de carácter no oficial, del beisbol.

Conocida como la santa de lo Imposible, santa Rita quería ser monja, pero por obedecer a sus padres, se casó. Su esposo le causó muchos sufrimientos, y ella devolvió su crueldad con oración y bondad. Con el tiempo él se convirtió, llegando a ser considerado y temeroso de Dios, sólo que santa Rita tuvo que soportar un gran dolor cuando fue asesinado, y al tiempo, descubrió que sus dos hijos estaban pensando en vengar el asesinato del padre. Ella temía que pusieran sus deseos en efecto de acuerdo con la maliciosa costumbre de la venganza.

Con un amor heroico por sus almas, ella le suplicó a Dios que se los llevara de esta vida antes de permitirlos cometer este gran pecado. No mucho tiempo más tarde ambos murieron después de prepararse para encontrarse con Dios.

Sin su esposo e hijos, santa Rita se entregó a la oración, penitencia y obras de caridad. Después de un tiempo aplicó para ser admitida en el Convento Agustiniano en Casia. No fue aceptada, pero después de rezarle a Juan Bautista, san Agustín y san Nicolas de Tolentino, milagrosamente entró al convento. Allí, la vida de santa Rita fue marcada por su gran caridad y severas penitencias. Sus oraciones obtuvieron para otros, curas notables, liberación del demonio y otros favores especiales de Dios.

Entonces le dio a santa Rita una herida de espina en su frente muy dolorosa y expelía un olor desagradable, pero ella lo consideraba una gracia divina. La herida duró por el resto de su vida hasta que falleció a la edad de 76 años.

Oración Oh Dios omnipotente, que te dignaste conceder a santa Rita tanta gracia, que amase a sus enemigos y llevase impresa en su corazón y en su frente la señal de tu pasión, y fuese ejemplo digno de ser imitado en los diferentes estados de la vida cristiana. Concédenos, por su intercesión, cumplir fielmente las obligaciones de nuestro propio estado para que un día podamos vivir felices con ella en tu reino. Te lo pedimos por Cristo Nuestro Señor. Amén.

93

SANTA ROSA DE LIMA

Fecha: 23 de agosto.
Patrona de las Américas, Indias y Filipinas.

Nació en Lima, Perú, en 1586 y fue la primera mujer americana declarada santa por la Iglesia Católica. En el bautizo le pusieron el nombre de Isabel, pero luego la madre, al ver que al paso de los años su rostro se volvía sonrosado y hermoso como una rosa, empezó a llamarla con el nombre de Rosa. Desde pequeñita tuvo una gran inclinación a la oración y a la meditación.

Un día rezando ante una imagen de la Virgen María le pareció que el niño Jesús le decía: "Rosa conságrame a mí todo tu amor". Y en adelante se propuso no vivir sino para amar a Jesucristo. Su hermano dijo que muchos hombres se enamoraban perdidamente de ella por su larga cabellera o por su piel muy hermosa. Rita se cortó el cabello y se propuso llevar el rostro cubierto con un velo, para no ser motivo de tentaciones para nadie. Quería dedicarse únicamente a amar a Jesucristo.

Un joven de alta clase social se enamoró de Rosa y quería casarse con ella. Sus padres estaban muy entusiasmados porque ellos eran pobres y esto daría a la joven un porvenir brillante. Pero ella, aunque tuvo serios disgustos en la familia, les declaró que se había propuesto que su amor sería totalmente para Dios y que renunciaba por completo a todo matrimonio, por brillante que fuera.

Se propuso irse de monja agustina, pero el día en que fue a arrodillarse ante la imagen de la Virgen Santísima para pedirle que le iluminara si debía irse de monja o no, sintió que no podía levantarse del suelo donde estaba arrodillada. Llamó a su hermano a que le ayudara a levantarse pero él tampoco fue capaz de moverla de allí. Entonces se dio cuenta de que la voluntad de Dios era otra.

Rosa le pedía a Dios que le indicara a qué asociación religiosa debería ingresar. Y de pronto empezó a llegar junto a ella cada día una mariposa de blanco y negro. Y revoloteaba junto a sus ojos. Con esto le pareció entender que debería buscar una asociación que tuviera un hábito de blanco y negro. Y descubrió que eran las terciarias dominicas, unas mujeres que se vestían con túnica blanca y manto negro y llevaban vida como de religiosas, pero vivían en sus propias casas. Y pidió ser admitida y la aceptaron.

El demonio la atacaba de muy diversas maneras y las tentaciones impuras la hacían sufrir enormemente. Además le llegaban épocas de terribles sequedades espirituales en las cuales todo lo que fuera oración, meditación o penitencias le producía horror y asco. La gente se burlaba de su comportamiento y los mismos familiares la consideraban equivocada en su modo de vivir.

Es difícil encontrar en América otro caso de mujer que haya hecho mayores penitencias. Dormía sobre duras tablas, con un palo por almohada. Alguna vez que le empezaron a llegar deseos de cambiar sus tablas por un colchón y una almohada, miró al crucifijo y nunca más volvió a pensar en buscar un lecho más cómodo.

Distintas enfermedades la atacaron por mucho tiempo. Los últimos años vivía en un ambiente de oración mística, con la mente casi ya más en el cielo que en la tierra. Su oración, sus sacrificios y penitencias conseguían numerosas conversiones de pecadores, y aumento de fervor en muchos religiosos y sacerdotes. En la ciudad de Lima había ya una convicción general de que esta muchacha era una verdadera santa.

El 24 de agosto de 1617, después de terrible y dolorosa agonía, expiró con la alegría de irse a estar para siempre junto al amadísimo Salvador. Tenía 31 años.

Oración Oh, Dios Omnipotente, dador de todo bien, que hiciste florecer en América por la gloria de la virginidad y paciencia a la bienaventurada Rosa, prevenida con el rocío de tu gracia; haz que nosotros, atraídos por el olor de su suavidad, merezcamos ser buen olor de Cristo. Por Jesucristo, Nuestro Señor. Amén.

94

SANTA TERESA DE JESÚS

Fecha: 15 de octubre.
Patrona de los escritores españoles y de los católicos.

Teresa de Cepeda y Ahumada nació en Ávila, España, el 28 de marzo de 1515. En su casa eran 12 hijos: tres del primer matrimonio de don Alonso y nueve del segundo, entre estos últimos, Teresa. Escribe en su autobiografía: "Por la gracia de Dios, todos mis hermanos y medios hermanos se asemejaban en la virtud a mis buenos padres, menos yo".

De niños, ella y su hermano Rodrigo eran muy aficionados a leer vidas de santos, y se emocionaron al saber que los que ofrecen su vida por amor a Cristo reciben un gran premio en el cielo. Así que dispusieron irse a tierras de mahometanos a declararse amigos de Jesús y así ser martirizados para conseguir un buen puesto en el cielo. Por el camino se encontraron con un tío suyo que los regresó a su hogar. Entonces construyeron una celda en el solar de la casa e irse a rezar allá de vez en cuando, sin que nadie los molestara ni los distrajese.

La madre de Teresa murió cuando ésta tenía apenas 14 años y por aquel tiempo se aficionó a leer novelas. Comenzó a pintarse y a ser coqueta. Ya no estaba contenta sino cuando tenía una novela entre sus manos; su padre se dio cuenta del cambio de su hija y la llevó, a los 15 años, a estudiar interna en el colegio de hermanas Agustinas de Ávila. Allí, después de año y medio de estudios enfermó y tuvo que volver a casa.

Comunicó a su padre el deseo que tenía de entrar en un convento. Él, que la quería muchísimo, le dijo que lo haría una vez que él estuviera muerto. La joven sabía que esperar mucho tiempo y quedarse en el mundo podría hacerla desistir de su propósito de hacerse religiosa. Y entonces se fugó de la casa: "Aquel día, al abandonar mi hogar sentía tan terrible angustia, que llegué a pensar que la agonía y la muerte no podían ser peores de lo que experimentaba yo en aquel momento. El amor de Dios no era suficientemente grande en mí para ahogar el amor que profesaba a mi padre y a mis amigos".

La santa determinó quedarse de monja en el convento de Ávila. Su padre al verla tan resuelta a seguir su vocación, cesó de oponerse. Ella tenía 20 años. Un año más tarde hizo sus tres juramentos o votos de castidad, pobreza y obediencia, y entró a la comunidad de hermanas carmelitas. Pasado un tiempo con las carmelitas se agravó de un mal que la molestaba, quizás una fiebre palúdica. Los médicos no lograban atajar el mal y éste se agravaba. Su padre la llevó a su casa y fue quedando casi paralizada. Entonces tuvo la oportunidad de leer un librito que iba a cambiar su vida: *El alfabeto espiritual*, de Osuna, y siguiendo las instrucciones de aquel librito empezó a practicar la oración mental y a meditar. A los tres años de estar enferma encomendó a san José que le consiguiera la gracia de la curación, y de la manera más inesperada recobró la salud. En adelante toda su vida será una gran propagadora de la devoción a san José, Y todos los conventos que fundará los consagrará a este gran santo.

Teresa tenía un gran encanto personal, se ganaba la estima de todos quienes la rodeaban. Empezar a tratar con ella y empezar a sentir una inmensa simpatía hacia su persona, eran una misma cosa. En aquellos tiempos había en los conventos de España la dañosa costumbre de que las religiosas gastaban mucho tiempo en la sala recibiendo visitas y charlando en la sala con las muchas personas que iban a gozar de su conversación. Esto le quitaba el fervor en la oración y no las dejaba concentrarse en la meditación y se llegó a convencer de que ella no podía dedicarse a tener verdadera oración con Dios porque era muy disipada. Y que debía dejar de orar tanto. A ella le gustaban los Cristos bien chorreantes de sangre. Y un día al detenerse ante un crucifijo muy sangrante le preguntó: "Señor, ¿quién te puso así?", y le pareció que una voz le decía: "Tus charlas en la sala de visitas, ésas fueron las que me pusieron así, Teresa". Ella se echó a llorar y quedó terriblemente impresionada. Pero desde ese día ya no volvió a perder tiempo en charlas inútiles y en amistades que no llevan a la santidad. Y Dios en cambio le concedería enormes progresos en la oración y unas amistades formidables que le ayudarán a llegar a la santidad. Su inmensa devoción por la Santísima Virgen y su fe total en el poder de intercesión de san José, ella rezaba frecuentemente a dos grandes convertidos: san Agustín y María Magdalena. Para imitar a esta santa que tanto amó a Jesús, se propuso meditar cada día en la Pasión y Muerte de Jesús, y esto la hizo crecer mucho en santidad. Y en honor de san Agustín leyó el libro más famoso del gran santo *Las Confesiones,* y su lectura le hizo enorme bien.

El Divino Espíritu empezó a concederle visiones celestiales. Al principio se asustó porque había oído hablar de varias mujeres a las cuales el demonio engañó con visiones imaginarias. Pero hizo confesión general de toda su vida con un santo sacerdote y le consultó el caso de sus visiones, y éste le dijo que se trataba de gracias de Dios, quien le aconsejó en una de sus visiones que se dedicara a comunicarse con el mundo sobrenatural. En algunos de sus éxtasis se elevaba hasta un metro por los aires y cada visión le dejaba un intenso deseo de ir al cielo. A partir de allí dejó de tenerle miedo a la muerte, algo que antes la atormentaba mucho. La creían loca y otros la acusaban de hipócrita, de orgullo y presunción.

San Pedro Alcántara, uno de los santos más famosos de ese tiempo, después de charlar con la famosa carmelita, declaró que el Espíritu de Dios guiaba a Teresa. Desde entonces para Teresa ya no había sino un solo motivo para vivir: demostrar a Dios con obras, palabras, sufrimientos y pensamientos.

Se ganó para su causa a san Juan de la Cruz, y con él fundó la orden de los carmelitas descalzos. Las carmelitas descalzas son ahora 14 000 en 835 conventos en el mundo. Y los carmelitas descalzos son 3 800 en 490 conventos.

Por orden expresa de sus superiores santa Teresa escribió unas obras que se han hecho famosas: *El libro de la vida*, *El libro de las Moradas* o *Castillo interior*; texto importantísimo para poder llegar a la vida mística. Estas obras las escribió en medio de mareos y dolores de cabeza. Narra con claridad impresionante sus experiencias espirituales. Tenía pocos libros para consultar y no había hecho estudios especiales. Sin embargo sus escritos son considerados como textos clásicos en la literatura española y se han vuelto famosos en todo el mundo.

Santa Teresa murió el 4 de octubre de 1582 y la enterraron al día siguiente, el 15 de octubre.* Al hacer la autopsia del cadáver de la santa encontraron en su corazón una cicatriz larga y profunda.

Oración Óyenos, ¡oh Dios! Que eres nuestra salud, para que así como nos alegramos en la festividad de tu bienaventurada virgen Teresa, así nos sustentemos con el alimento de su celestial doctrina y recibamos con ella el fervor de su piadosa devoción. Por Jesucristo, Nuestro Señor. Amén.

---

*La diferencia de fechas se debe a que el día de su muerte entró en vigor el nuevo calendario, al cual se le añadieron diez días para corregir un error de cálculo. (N. del E.)

95

SANTA TERESITA DEL NIÑO JESÚS

Fecha: 1 de octubre.
Patrona de las misiones en todo el mundo.

Por medio de sus cartas, los testimonios de aquellos que la conocieron, y especialmente su autobiografía, *La historia de un alma*, millones han llegado a conocer sus grandes dones y virtudes. Incontables peregrinos visitan el convento carmelita de Lisieux, donde, el 9 de abril de 1888, María Francisca Teresa Martín, la hija menor del relojero Luis Martín, se convirtió en la novicia más joven. Tenía sólo quince años. Estaban ya allí dos de sus hermanas: María, la mayor, se había ido cuando Teresita tenía nueve años, y Paulina, que había cuidado de la familia después de morir su madre, entró cuando Teresita tenía catorce años.

Impaciente por seguirlas, Teresita fue a Roma en una peregrinación con su padre, y rompiendo la regla del silencio en presencia del Papa, le pidió permiso de entrar al Carmelo a los quince años. "Entrarás si es la voluntad de Dios", le contestó el papa León XIII, y Teresita terminó la peregrinación con el espíritu lleno de esperanza. Al terminar el año, el permiso que anteriormente le había sido negado, le fue concedido por el obispo y Teresita entró al Carmelo.

Teresa había sido la hija preferida de su padre; era tan alegre, atractiva y amable, que los dos sufrieron intensamente cuando llegó el momento de la separación. Pero no le cabía la menor duda de que ésa era su vocación y desde el principio se determinó a ser santa. Aunque la salud de Teresita era muy delicada, no deseó ninguna dispensa de la austera regla y no le fue dada ninguna. Sufría intensamente por el frío y por el cansancio de cumplir con algunas de las penitencias físicas y exteriores que la Regla acostumbraba. "Soy un alma muy pequeña, que sólo puede ofrecer cosas muy pequeñas a Nuestro Señor," dijo en una ocasión, "pero quiero buscar un camino nuevo hacia el cielo, muy corto, muy recto, un pequeño sendero… Estamos en la era de los inventos. Me gustaría encontrar un elevador para ascender hasta Jesús, pues soy demasiado pequeña para subir los empinados escalones de la perfección…".

Antes de morir, terminó su autobiografía, escrita a petición de su superiora. Ha sido traducida a diferentes idiomas, y está llena de belleza, sabiduría y valor, y por ella podemos saber algo de la santidad de Teresita.

La hermana Teresita de Lisieux murió el 30 de septiembre de 1897. En junio de ese año había sido llevada a la enfermería del convento debido a unas fuertes hemorragias, y no volvió a salir de allí. Tres de sus declaraciones, pronunciadas por ese tiempo, le han dado la vuelta al mundo: "Nunca he dado a Dios más que amor, y Él me pagará con amor. Después de mi muerte dejaré caer una lluvia de rosas [...] Pasaré mi Cielo haciendo bien sobre la tierra [...] Mi caminito es el camino de la infancia espiritual, el camino de la confianza y de la entrega absoluta".

Casi inmediatamente después de su muerte, fueron tan numerosos los milagros obtenidos por su intercesión, que la Santa Sede dispensó los acostumbrados cincuenta años que normalmente deben transcurrir antes que se inicie el proceso de canonización. En 1922 fue solemnemente beatificada por el papa Pío XI, y dos años más tarde fue canonizada.

Oración ¡Oh Teresa del Niño Jesús! Vengo a tus plantas lleno de confianza a pedirte favores. La cruz de la vida me pesa mucho y no encuentro más que espinas entre sus brazos. ¡Florcita de Jesús! Envía sobre mi alma una lluvia de flores de gracia y de virtud para que pueda subir el Calvario de la vida embriagado en sus perfumes. Mándame una sonrisa de tus labios de cielo y una mirada de tus hermosos ojos… Que valen más tus caricias que todas las alegrías que el mundo encierra. ¡Dios mío! Por intercesión de santa Teresita dadme fuerza para cumplir exactamente con mi deber, y concededme la gracia que humildemente te pido. Amén.

96

SANTA ÚRSULA

Fecha: 21 de octubre.
Patrona de las universidades medievales, de las jóvenes y de las colegialas.

Julia María Ledóchowska, en religión Úrsula, nació en 1865 en Loosdorf, Austria; su familia, que era polaca, residía en una finca de su propiedad. A los 21 años de edad ingresó en el convento de las ursulinas de Cracovia, Polonia, llegando a ser muy apreciada como profesora y educadora.

Su profunda intuición espiritual y afán apostólico la llevó a instituir un internado para muchachas jóvenes. Al mismo tiempo fundó entre las estudiantes la Asociación de las Hijas de María, orientada a que las jóvenes crecieran con una educación enraizada en los valores cristianos.

Durante tres años Úrsula Ledóchowska fue superiora del convento de las ursulinas. Se trasladó a Rusia, donde se adaptó con sabiduría y generosidad a las condiciones que encontró: aprendió ruso, superó el examen de Estado y así, en 1908, la filial del convento de Cracovia se convirtió en una casa autónoma de las ursulinas en la ciudad de San Petersburgo, con un internado para chicas.

Dos años más tarde puso en marcha en Carelia —entonces perteneciente a Rusia—, una escuela para muchachas dirigida según las más modernas ideas pedagógicas de entonces. El edificio estaba situado junto a una playa del golfo de Finlandia.

Impulsada por el amor de Cristo, entró en contacto con la población local protestante. La capilla católica pronto se convirtió en lugar de oración también para los finlandeses.

El estallido de la Primera Guerra Mundial reorientó la vida de Úrsula Ledóchowska, quien sufrió persecución por su condición de austriaca. Se trasladó a Estocolmo y allí puso en marcha una escuela y abrió un internado.

En su intento por sostener a los católicos en la fe, en 1916 creó también el periódico *Solglimtav*, que aún se publica en Uppsala. En 1917, Úrsula viajó a Dinamarca a fin de desarrollar en este país una intensa obra asistencial a favor de los refugiados polacos, donde permaneció tres años.

Las circunstancias y traslados que vivió para estar donde hubiera jóvenes que necesitaran apoyo y educación, hicieron madurar en Úrsula Ledóchowska el anhelo que confesaba en una carta a su hermana María Teresa: reunir a todas las personas que quisieran trabajar para Dios en el terreno educativo. En 1920 se separó de su Instituto para dar vida a una nueva congregación religiosa, a la que llamó ursulinas del Sagrado Corazón de Jesús Agonizante. Ésta obtuvo la primera aprobación en 1923, y en 1930 la definitiva.

Cuando murió Úrsula Ledóchowska, la congregación que había fundado, contaba con más de 700 religiosas que desarrollaban su labor apostólica en 44 casas abiertas en diferentes países europeos, así como en Roma, donde falleció la futura santa el 22 de mayo de 1939. Juan Pablo II la beatificó en Poznan, Polonia, el 20 de junio de 1983.

Oración Señor, Dios nuestro, concedednos la gracia de celebrar las victorias de santa Úrsula y sus compañeras, mártires, con devoción duradera, a fin de que, si no podemos rendirles todo el honor que ellas merecen, por lo menos les presentemos nuestros humildes homenajes. Por Jesucristo Nuestro Señor. Amén.

97

SANTA VERÓNICA

Fecha: 12 de julio.
Patrona de los fotógrafos, lavanderas y costureras.

Hija de la prestigiosa familia Giuliani, que ocupaba puestos de importancia, nació en Urbino, Italia, en 1660. De pequeñita era tremendamente inquieta y solamente su padre le tenía la suficiente paciencia para aguantarle. Era la menor de siete hermanas, y muy niña quedó huérfana de madre. Su defecto principal era querer imponer sus ideas y caprichos a los demás. Un día invitó a sus hermanas a que la acompañaran a rezar el rosario, junto a un altarcito de la Virgen que ella se había fabricado, y como ellas no quisieron ir, arremetió a patadas contra las costuras que las otras estaban haciendo y telas y costuras rodaron por las escaleras abajo. En otra ocasión un amiguito suyo quería ir a las fiestas del carnaval y ella tenía temor de que allá le sucediera algo malo para su alma. Como el otro insistía en asistir, le puso una trampa por el camino, y el otro se hirió una pierna y ya no pudo asistir a las peligrosas fiestas.

Ya desde muy niña sentía una gran compasión por los pobres, y a los seis años regalaba su merienda a pobres mendigos y dejaba su abrigo de lana a unos pobres que tiritaban de frío. Su padre daba suntuosos convites con muchos invitados y allí se repartían muchísimos dulces y confites. Entonces se iba a escondidas a las mesas y sacaba dulces para repartirlos después entre los niños pobres. Sus hermanas se quedaban después aterradas de que los dulces de las mesas se hubieran acabado tan pronto.

Después de una de sus bravatas desproporcionadas, le pareció que Nuestro Señor le decía cuando ella estaba rezando: "Tu corazón no parece de carne sino de acero". Esto la hizo cambiar totalmente en su trato con los demás.

Tenía una especialísima devoción a la Virgen Santísima y al Divino Niño Jesús y en su altarcito les rezaba día por día. Y una tarde, mientras les estaba hablando con todo fervor, le pareció que ambos le sonreían.

A los 11 años descubrió que la devoción que la va a llevar al fervor y a la santidad es la de Jesús Crucificado. La de las cinco heridas de Jesús en la cruz. Desde entonces su meditación continua radica en la Pasión y Muerte de Jesús.

Cuando hace a Dios el voto o juramento de entrar de religiosa, su padre que desea para ella un matrimonio con algún joven de alta condición social, le prohíbe entrar de religiosa. Y sucede luego que la joven a causa de la pena moral, empieza a adelgazar y a secarse de manera tan alarmante, que a su padre no le queda otro camino que permitirle su entrada al convento. Y así a los 17 años se fue de religiosa capuchina.

Cuando cumplió los 33 años, en 1693, empezaron a aparecer en su cuerpo las cinco heridas de Jesús: en las manos, en los pies, en el costado y heridas en la cabeza como de una corona de espinas. Los médicos se esforzaron todo lo que pudieron para curarle esas heridas, pero por más que hicieron, no cicatrizaron. El obispo llegó y durante tres días examinó las heridas de las manos, de los pies y de la corona, en presencia de cuatro religiosas, y no pudo encontrar ninguna explicación natural a este fenómeno.

A pesar de todas sus cualidades místicas, Verónica se dedicaba con gran éxito a las actividades normales de las religiosas, y así llegó a ser nombrada maestra de novicias, a quienes les aconsejaba que leyeran y más tarde, superiora del convento, y en este cargo, se preocupó por mejorar el edificio y hacerlo más saludable y agradable.

Como su fama de santidad era muy grande, dos hermanas suyas que eran religiosas clarisas, le pidieron algún objeto suyo para emplearlo como reliquia. Ella fabricó una muñequita de trapo, muy parecida a su persona y la vistió de monjita capuchina, y se las envió.

Al cumplir sus bodas de oro de profesión religiosa, después de haber vivido cincuenta años como una fervorosa y santa capuchina, sintió que sus fuerzas le faltaban. Sufrió una apoplejía —o derrame cerebral— y murió el 9 de julio de 1727.

Oración Dios Todopoderoso y eterno, que concediste a santa Verónica Giuliani la gracia de llevar en su cuerpo los signos de tu pasión redentora, te pedimos que a ejemplo suyo, completemos en nuestro cuerpo el sacrificio supremo del Hijo hecho hombre. Por Jesucristo Nuestro Señor. Amén.

98

SANTA ZITA

Fecha: 27 de abril.
Patrona de los panaderos y las trabajadoras domésticas.

Zita nació en Lucca, Italia, en 1218. De una familia campesina pobre y muy piadosa. A los 12 años, a causa de la pobreza de la familia, tuvo que emplearse de sirvienta en una familia rica. El jefe de la familia con la que Zita fue a trabajar era de temperamento violento y mandaba con gritos y palabras muy humillantes. Todos los empleados protestaban por este trato tan áspero, excepto Zita, quien lo aceptaba de buena gana para asemejarse a Cristo Jesús, que fue humillado y ultrajado. Las demás empleadas le tenían envidia y la humillaban continuamente con palabras hirientes. Zita jamás respondía a sus ofensas ni guardaba rencor o resentimiento. Los obreros se disgustaban porque ella demostraba aversión a las palabras groseras y a los cuentos inmorales. Sólo que con el correr de los años, todos se fueron dando cuenta de que era una gran amiga de Dios.

Era la más consagrada a sus oficios en toda esa inmensa casa y repetía que una piedad que lo lleva a uno a descuidar los deberes y oficios que tiene que cumplir, no es verdadera piedad. Un día un hombre quiso irrespetarla en su castidad, y ella le arañó la cara, y lo hizo alejarse. Él fue con calumnias ante el dueño de la casa y éste la insultó horriblemente. Zita no dijo ni una sola palabra para defenderse. Dejaba a Dios que se encargara de su defensa. Después se supo toda la verdad y el patrón tuvo que arrepentirse del trato tan injusto que le había dado y creció enormemente su aprecio por aquella humilde sirvienta.

El dinero de su sueldo lo gastaba casi todo en ayudar a los pobres. Dormía en una estera en el puro suelo porque su catre y colchón los había regalado a una familia muy necesitada. Un día en pleno invierno con varios grados bajo cero, la señora de la casa le prestó su manto de lana para que fuera al templo a oír misa. En la puerta del templo encontró a un pobre tiritando de frío y le dejó el manto. Al volver a casa fue terriblemente regañada por haber dado aquella tela, pero poco después apareció en la puerta de la casa un señor misterioso a traer un hermoso manto de lana. Y no quiso decir quién era.

Estuvo 48 años de sirvienta, demostrando que en cualquier oficio y profesión que sea del agrado de Dios, se puede llegar a una gran santidad. Fueron tantos los milagros que se obraron por su intercesión que el papa Inocencio XII la declaró santa. Y su cuerpo se conservaba incorrupto cuando fue sacado del sepulcro, más de 300 años después de su muerte.

Santa Zita murió el 27 de abril de 1278. Canonizada en 1696, su nombre entró en el calendario romano en 1748. Desde Italia su culto pasó desde la Edad Media a todas partes de Europa, sobre todo dentro de las clases populares.

Oración Oh, santa Zita, que en el trabajo doméstico fuiste solícita, pues eras como Marta, cuando sirvió a Jesús en Betania, y generosa como María Magdalena, a los pies del mismo Jesús, ayúdame a tener paciencia, y hacer todos los sacrificios que me imponen los trabajos domésticos. Oh, Dios, recibe mi trabajo, mi fatiga y mis tribulaciones, y por la intercesión de santa Zita, dame las fuerzas necesarias para satisfacer siempre con mis deberes al que me necesita, y merecer el reconocimiento de aquellos que sirvo junto a la recompensa en el cielo, santa Zita intercede por mí. Amén.

99

SANTO TOMÁS DE AQUINO

Fecha: 28 de enero
Patrono de la educación, las universidades y las escuelas Católicas.

Nació en el Castillo de Rocaseca, cerca de Nápoles, Italia, en 1225. Fue el último hijo varón de una numerosa familia de doce hijos. Su padre se llamaba Landulfo de Aquino. Cerca del Castillo donde nació estaba el famoso convento de los monjes benedictinos llamado Monte Casino. Allí lo llevaron a hacer sus primeros años de estudios y los monjes le enseñaron a meditar en silencio. Lo que leía y estudiaba lo aprendía de memoria con una facilidad portentosa.

Continúa sus estudios por cinco años en la Universidad de Nápoles. Allí supera a todos sus compañeros en memoria e inteligencia. Conoce a los padres dominicos y se entusiasma por esa comunidad. Quiere entrar de religioso pero su familia se opone. El religioso huye hacia

Alemania, pero por el camino lo sorprenden sus hermanos que viajan acompañados de un escuadrón de militares y lo ponen preso. No logran quitarle el hábito de dominico, pero lo encierran en una prisión del castillo de Rocaseca.

Tomás aprovecha su encierro de dos años para aprender de memoria muchísimas frases de la Biblia y para estudiar muy a fondo el mejor tratado de teología que había en ese tiempo, y que después él explicará muy bien en la Universidad.

Sus hermanos al ver que por más que le rogaban y lo amenazaban no lograban quitarle la idea de seguir de religioso, le enviaron a una mujer de mala vida para que lo hiciera pecar. Él toma en sus manos un tizón encendido y se lanza contra la mala mujer, amenazándola con quemarle el rostro si se atrevía a acercársele. Ella sale huyendo, esa noche Tomás contempló en sueños una visión celestial que lo felicitaba y le traía una estola o banda blanca, en señal de la virtud, de la pureza que le concedía Nuestro Señor.

Liberado ya de la prisión lo enviaron a Colonia, Alemania, a estudiar con el más sabio padre dominico de ese tiempo: san Alberto Magno. Un día uno de sus compañeros leyó los apuntes de este joven estudiante y se los presentó al sabio profesor. San Alberto al leerlos les dijo a los demás estudiantes: "Ustedes lo llaman el buey mudo. Pero este buey llenará un día con sus mugidos el mundo entero".

A los 27 años, en 1252, ya es profesor de la famosísima Universidad de París. Sus clases de teología y filosofía son las más concurridas. El rey San Luis lo estimaba tanto que lo consultaba en todos los asuntos de importancia.

En cuatro años escribe su obra más famosa: *La Suma Teológica*, obra portentosa en 14 tomos, donde a partir de la Sagrada Escritura, de filosofía, teología y doctrina de los santos va explicando todas las enseñanzas católicas. Es lo más profundo que se haya escrito en la Iglesia Católica.

El papa le encargó que escribiera los himnos para la Fiesta del Cuerpo y Sangre de Cristo, y compuso entonces el *Pangelingua* y el *Tantumergo* y varios otros bellísimos cantos de la Eucaristía.

Tan importantes son sus escritos que en el Concilio de Trento, o la reunión de los obispos del mundo, los tres libros de consulta que había sobre la mesa principal eran la Sagrada Biblia, los Decretos de los Papas, y la *Suma Teológica*, de santo Tomás.

Decía el santo que él había aprendido más, arrodillándose delante del crucifijo, que en la lectura de los libros. Su secretario Reginaldo afirmaba que la admirable ciencia de santo Tomás provenía más de sus oraciones que de su ingenio. Siempre consideraba que los otros eran mejores que él. Aun en las más acaloradas discusiones exponía sus ideas con total calma; jamás se dejó llevar por la cólera aunque los adversarios lo ofendieran fuertemente y nunca se le oyó decir alguna cosa que pudiera ofender a alguno. Su lema en el trato era aquel mandato de Jesús: "Tratad a los demás como deseáis que los demás os traten a vosotros".

El Sumo Pontífice lo envió al Concilio de Lyon, pero por el camino se sintió mal y fue recibido en el monasterio de los monjes cistercienses de Fosanova.

Pocos meses antes de morir tuvo una visión acerca de lo sobrenatural y celestial, y desde entonces dejó de escribir. Murió el 7 de marzo de 1274 a la edad de 49 años. Fue declarado santo en 1323, apenas 50 años después de muerto.

Oración Señor, que inspiraste a santo Tomás de Aquino para que usando su inteligencia iluminara las mentes de los creyentes con el fruto de su reflexión teológica, te pedimos que, a ejemplo suyo, crezcamos en el conocimiento del único Dios verdadero. Por Jesucristo, tu Hijo, Nuestro Señor. Amén.

100

SANTO TOMÁS MORO

Fecha: 25 de junio.
Patrono de los gobernantes y los políticos.

Nació Tomás Moro en Cheapside, Inglaterra, en 1478. A los 13 años se fue a trabajar de mensajero en la casa del Arzobispo de Canterbury, y éste al darse cuenta de la gran inteligencia del joven, lo envió a estudiar al colegio de la Universidad de Oxford.

Su padre que era juez, le enviaba únicamente el dinero indispensable para sus gastos más necesarios. A los 22 años ya es doctor en abogacía, y profesor brillante. Fue un apasionado lector que todos los ratos libres los dedicaba a la lectura. Sin embargo, a Tomás le llegaron dudas acerca de cuál era la vocación para la cual Dios lo tenía destinado. Al principio se fue a vivir con los cartujos —esos monjes que nunca hablan, ni comen carne, y rezan mucho de día y de noche—, pero después de cuatro años se dio cuenta de que no había nacido para esa heroica vocación. También intentó irse de franciscano, pero tampoco era su camino. Entonces se dispuso optar por la vocación del matrimonio. Se casó, tuvo cuatro hijos y fue un excelente esposo y un cariñosísimo padre. Su vocación estaba un poco más allá: actuar en el gobierno y escribir libros.

Para con sus hijos, para con los pobres y para cuantos deseaban tratar con él, Tomás fue siempre un excelente y simpático amigo. Acostumbraba ir personalmente a visitar los barrios de los pobres para conocer sus necesidades y ayudarles mejor. Con frecuencia invitaba a su mesa a gente muy pobre, y casi nunca invitaba a almorzar a los ricos. A su casa llegaban muchas visitas de intelectuales que iban a charlar con él acerca de temas muy importantes para esos momentos y a comentar los últimos libros que se iban publicando. Su esposa se admiraba al verlo siempre de buen humor, pasara lo que pasara. Era difícil encontrar otro de conversación más amena.

Tomás Moro escribió bastantes libros. Muchos de ellos contra los protestantes, pero el más famoso es *Utopía*, donde describe una nación que en realidad no existe pero que debería existir. En su escrito ataca fuertemente las injusticias que cometen los ricos y los altos del gobierno con los pobres y los desprotegidos y describe cómo debería ser una nación ideal.

El joven abogado Tomás Moro fue aceptado como profesor de uno de los más prestigiosos colegios de Londres; luego fue elegido secretario del alcalde de la capital. En 1529 fue nombrado canciller o ministro de Relaciones Exteriores y este altísimo cargo no cambió en nada su sencillez. Siguió asistiendo a misa cada día, confesándose con frecuencia y comulgando.

Ya llevaba dos años como canciller cuando sucedió en Inglaterra un hecho terrible contra la religión católica. El rey Enrique VIII se divorció de su legítima esposa y se fue a vivir con la concubina Ana Bolena. Como el Sumo Pontífice no aceptó este divorcio, el rey se declaró Jefe Supremo de la religión de la nación, y declaró la persecución contra todo el que no aceptara su divorcio o no lo aceptara a él como reemplazo del Papa en Roma. Muchos católicos tendrían que morir por oponerse a todo esto.

Tomás Moro no aceptó ni el divorcio ni que tratara de reemplazar al Sumo Pontífice. Fue destituido de su puesto, le confiscaron sus bienes y el rey lo mandó encerrar como prisionero de la Torre de Londres. Santo Tomás y san Juan Fisher fueron los dos principales de todos los altos funcionarios de la capital que se negaron a aceptar los hechos del monarca. Y ambos fueron llevados a la torre fatídica. Allí estuvo Tomás encerrado durante 15 meses.

Escribió cartas bellísimas desde la cárcel a su hija Margarita, quien estaba muy desconsolada por la prisión de su padre. El día en que Margarita fue a visitar por última vez a su padre, vieron los dos salir hacia el sitio del martirio a cuatro monjes cartujos que no habían querido aceptar los errores de Enrique VIII.

Tomás fue llamado a un último consejo de guerra. Le pidieron que aceptara lo que el rey le mandaba y él no aceptó esos errores por lo que recibió entonces sentencia de muerte. Él se despidió de su hijo y de su hija y volvió a ser encerrado en la Torre de Londres.

En la madrugada del 6 de julio de 1535 le comunicaron que lo llevarían al sitio del martirio y él se colocó su mejor vestido. Al llegar al sitio donde lo iban a matar rezó despacio el Salmo 51: "Misericordia, señor por tu bondad". Luego prometió que rogaría por el rey y sus demás perseguidores, y declaró públicamente que moría por ser fiel a la Santa Iglesia Católica, Apostólica y Romana. Luego, enseguida, de un hachazo le cortaron la cabeza.

Oración Señor, que concediste a santo Tomás Moro la firmeza para defender la verdad aun al precio de su propia vida, te pedimos por su intercesión que adhiramos de tal modo a las enseñanzas de tu Iglesia que no temamos los tormentos y persecuciones por fidelidad a Ti. Por Jesucristo, Nuestro Señor. Amén.

101

SANTO TORIBIO

Fecha: 25 de febrero.
Patrono de los emigrantes mexicanos.

Nació en Santa Ana de Guadalupe que pertenece al municipio de Jalostotitlán, en la zona de Los Altos de Jalisco, México el 16 de abril de 1900. Como todos los niños, acudió a la escuela parroquial de su pueblo y a la edad de doce años, por consejo de su hermana y con el apoyo de sus padres, ingresó al seminario auxiliar de San Juan de los Lagos. Sus padres oponían resistencia a que estudiara, pues era un apoyo en las faenas propias del campo.

Después de ocho años pasó al seminario de Guadalajara. A los 21 años de edad debió solicitar dispensa de edad a la Santa Sede antes de proceder a la recepción del orden presbiteral. Prestó sus servicios ministeriales en Sayula, Tuxpan, Yahualica y Cuquío.

La persecución callista contra la Iglesia Católica enardeció los ánimos de los habitantes de Cuquío y el

9 de noviembre de 1926 se levantaron en armas más de trescientos hombres para repeler la opresión del gobierno, que perseguía a muerte al párroco y a los sacerdotes, quienes anduvieron a salto de mata huyendo de un lugar a otro, esperando de un momento a otro la muerte. Su gran amor a la Eucaristía le hacía repetir con frecuencia esta oración: Señor, perdóname si soy atrevido, pero te ruego me concedas este favor: no me dejes ni un día de mi vida sin decir la Misa, sin abrazarte en la Comunión, dame mucha hambre de Ti, una sed de recibirte que me atormente todo el día hasta que no haya bebido de esa agua que brota hasta la Vida Eterna, de la roca bendita de tu costado herido. ¡Mi buen Jesús!, yo te ruego me concedas morir sin dejar de decir misa ni un solo día.

En septiembre de 1927 el padre Toribio tuvo que retirarse y desde el cerro de Cristo Rey lloró afligido porque tenía que dejar el pueblo, decir adiós a su querido párroco, porque los superiores le ordenaban que se hiciera cargo de la parroquia de Tequila, Jalisco, lo cual no era una misión apetecible ya que el municipio era entonces uno de los lugares donde las autoridades civiles y militares perseguían más a los sacerdotes. Entonces localizó una antigua fábrica de tequila que se encontraba abandonada cerca del rancho Agua Caliente, la utilizó como refugio y lugar para seguir celebrando misas; presintió que allí sería su muerte inevitable, y lo dijo: "Tequila, tú me brindas una tumba, yo te doy mi corazón".

Por los graves peligros el padre Toribio no podía vivir en el curato de Tequila, y se hospedó en la barranca de Agua Caliente en la casa del señor León Aguirre. En diciembre de 1927 el hermano menor de Toribio fue ordenado sacerdote y enviado también a Tequila como vicario cooperador; a los pocos días llegó también su hermana María para atenderlos y ayudarlos.

El padre Toribio había ofrecido su sangre por la paz de la Iglesia y pronto el Señor aceptó el ofrecimiento. El Miércoles de Ceniza, 22 de febrero, el padre Toribio pidió al padre Román, su hermano, que le oyera en confesión sacramental y le diera una larga bendición; antes de irse le entregó una carta con el encargo de que no la abriera sin orden expresa. Pasaron jueves y viernes arreglando los asuntos parroquiales para dejar todo al corriente. A las 4 de la mañana del sábado 25 acabó de escribir, se recostó en su pobre cama de otates y se quedó dormido cuando una tropa compuesta por soldados federales y agraristas, avisados por un delator, sitió el lugar, brincaron las bardas y tomaron las habitaciones de León Aguirre, encargado de la finca y un agrarista gritó: "¡Éste es el cura, mátenlo!" Al grito despertaron el padre y su hermana y él contestó asustado: "Sí soy… pero no me maten"… No le dejaron decir más y dispararon contra él; con pasos vacilantes y chorreando sangre se dirigió hacia la puerta de la habitación, pero una nueva descarga lo derribó. Los verdugos lo despojaron de sus vestiduras y saquearon la casa para después llevarse presa a su hermana María a pie hasta el poblado de La Quemada, sin permitirle que sepultara a su hermano.

La familia Plascencia consiguió permiso de velarlo en su casa y al día siguiente, domingo 26 de febrero, con mucha gente que rezaba y lloraba, lo sepultaron en el panteón municipal.

El padre Toribio murió como mártir de la fe cristiana el 25 de febrero de 1928. Veinte años después de su sacrificio, los restos del mártir Toribio Romo regresaron a su lugar de origen, y fueron depositados en la capilla construida por él, en Jalostotitlán.

Oración Dios todopoderoso y eterno, que concediste a santo Toribio Romo luchar por la fe hasta derramar su sangre, haz que, ayudados por su intercesión, soportemos por tu amor nuestras dificultades y con valentía caminemos hacia ti que eres la fuente de toda vida. Por Jesucristo Nuestro Señor. Amén.

101 Santos, de Angélica Cortázar
se terminó de imprimir en septiembre de 2008